何 銘 思 口 述 史

大時代中一位老香港的足跡

何銘思口述史

編著：廖迪生

口述：何銘思

訪問：廖迪生、黃潘明珠

中文大學出版社

《大時代中一位老香港的足跡：何銘思口述史》

編著：廖迪生
口述：何銘思
訪問：廖迪生、黃潘明珠
圖片：何銘思

國際統一書號 (ISBN)：978-962-996-673-7

出版：中文大學出版社
　　　香港　新界　沙田・香港中文大學
　　　傳真：+852 2603 7355
　　　電郵：cup@cuhk.edu.hk
　　　網址：www.chineseupress.com

Footprints of a Hongkonger: Oral History by Ho Ming Sze (in Chinese)
　　　Edited and compiled by Liu Tik-sang
　　　Narrated by Ho Ming Sze
　　　Interviewed by Liu Tik-sang and Rita Wong
　　　Photos provided by Ho Ming Sze

ISBN: 978-962-996-673-7

Published by　The Chinese University Press
　　　　　　　The Chinese University of Hong Kong
　　　　　　　Sha Tin, N.T., Hong Kong
　　　　　　　Fax: +852 2603 7355
　　　　　　　E-mail: cup@cuhk.edu.hk
　　　　　　　Website: www.chineseupress.com

Printed in Hong Kong

目　錄

自序　何銘思　/　ix

大時代中尋夢者的見證　林垂宙　/　xi

何銘思訪談錄之緣起　黃潘明珠　/　xvii

彩色圖片　/　xix

導言 / 1

　　何銘思先生的經歷　/　2

　　中港兩地之間　/　4

　　個人的抉擇　/　5

　　口述歷史訪談　/　7

　　研究與書寫　/　10

一　香江童年 / 11

　　家庭　/　11

　　讀書生活　/　17

二　大時代來臨 / 23

　　反日運動　/　23

　　認識何培　/　25

　　八路軍辦事處　/　26

三　參加抗日戰爭 / 29

　　參加游擊隊　/ 30

　　再往沙井　/ 34

　　北上韶關　/ 34

　　韶關的人　/ 38

　　參加東江縱隊　/ 40

　　湘桂撤退　/ 41

　　日軍投降　/ 42

　　達德歲月　/ 44

　　傍徨的年代　/ 46

　　大時代中的選擇　/ 47

四　第三次返回大陸 / 49

　　行軍作戰　/ 50

　　廣州市公安總隊　/ 52

　　抗美援朝　/ 54

　　清匪反霸　/ 56

　　不一樣的廣東　/ 58

　　形勢逆轉　/ 59

　　香港與內地的關係，1948–1957　/ 61

　　香港的角色　/ 64

五　「下放」香港 / 67

　　返港結婚　/ 67

　　「下放」香港　/ 68

　　抗暴鬥爭與文化大革命　/ 71

六　改革開放　/ 77

　　負責統戰部　/ 79

　　中央黨校學習　/ 80

　　市場經濟改革　/ 81

　　籌建酒店　/ 84

　　改革的突破點　/ 85

　　改革不走回頭路　/ 86

　　霍英東的參與　/ 87

　　培華教育基金　/ 89

　　中山大學管理學院　/ 93

　　離開新華社　/ 95

　　改革開放的傳統　/ 96

七　與霍英東先生的合作　/ 101

　　紅三角地區建設　/ 102

　　加拿大卡加利的建設　/ 104

　　南沙發展計劃　/ 106

　　銘源發展有限公司　/ 111

八　大潮中的水花　/ 115

後記　/ 119

附錄一　何銘思先生年譜　/ 123

附錄二　何銘思先生著作書目　/ 127

附錄三　新華通訊社香港分社的職能與演變　/ 131

註釋　/ 135

參考書目　/ 193

自序

　　在過去的一個世紀，對於中國來說是一個大變的年代，經歷慘烈的戰爭與政治運動，在這個年代裏，於廣大的人民來說，沒有任何的選擇可言，只可以跟着大時代走。人們在大洪流中流竄、在風口浪尖上翻騰，有不少人隨風而逝，但更多的人是苦苦支撐、心懷希望、憧憬未來。我只是一個普通人，能夠跟着仁勇之士，坐上他們那艘衝風破浪的小帆船，經歷抗日戰爭、解放戰爭，以及不同的政治運動而後倖存下來，算是非常的幸運。

　　大江東去，送走一個時代，也留下時代事跡，我的人生經歷，只是這個大時代的片鱗半爪。承蒙廖迪生教授、黃潘明珠館長，將我這些經過記錄下來，我表示感謝，自反思過去，實不知如何評說。

何銘思

2016 年 5 月 9 日

大時代中尋夢者的見證

　　二十世紀的來臨，給中國帶來歷史上前所未有的變局。孫中山所領導的國民革命，不僅推翻了滿清政府，亦終結了遞嬗四千年的君主政體；一個以民主共和為宗旨的中華民國誕生了，成為亞洲的第一個民主國家。在這個嶄新的大環境裏，每一個有志之士，不需要為爭做皇帝主宰政府而打得頭破血流，以致殘民以逞。所可希望的是能透過選賢與能、講信修睦的民主規則，治理國家，創造未來。每一個人，可以為自己、為家庭、為社會，在法定的規範中努力、競爭，追求他的夢。這將是一個多麼令人亢奮、鼓舞的時代。何銘思何幸而生在這個時代。

　　不幸，在倉促中成立的中華民國，命運非常坎坷。孫中山只有理想、沒有實力，很快的被迫去位。政府大權旁落，權臣和軍閥輪番上陣，加上國際帝國主義者的操縱和點火，以致內戰不斷，國無寧日，老百姓被迫在裂縫中求生存，甚至顛沛流離。這是一個多麼令人沮喪、徬徨的時代。何銘思和許多同齡層的青年一樣，覺得前途茫茫，然而國家民族的前途，卻逐步落在他們的肩膀上。

　　何銘思是廣東人，在香港出生。在過去的一個世紀中，廣東的人才輩出。廣東人才的特點是他們不以成為鴻儒詞宗為滿足，大都在

經世實務上有獨特的追求。例如洪秀全、康有為、梁啟超等，開啟了
中國政治變革的大門；孫中山鼓吹革命，光耀史冊；他團隊中如胡漢
民、汪精衛、廖仲愷等，各有卓越的貢獻；此後的薛岳、張發奎、葉
劍英等成就亦自不凡；至於工程實業方面如容閎、詹天佑等都有開創
性、革新性、全國性的建樹。這些才俊，乃是粵籍青年們津津樂道，
引為楷模的人物。香港因為它特殊的歷史、地理和經濟因素，是中西
文化、八方風雨交會的地方。早期的少年孫中山在此聯絡志士，以香
港為國民革命的基地。此時的何銘思在此充分感覺外患的壓力和中國
前途的危險，當日本帝國主義者的侵略爪牙伸張到香港，他覺得是個
人奮起圖強，報效國家的時候了。他的尋夢歷程，可以分成四個階段
來看。

1940–1955 時期

青年何銘思以抵抗日本帝國主義者的侵略為職志，不惜離家出
走，參加游擊隊，北上韶關從事地下工作。這段時間裏他結識了許多
志同道合的朋友如李門、梁綺、余叔韶等，亦加入了中國共產黨，開
始對中國國民黨及國民政府的鬥爭。他瞭解自身求學過程的不足，所
以勤於自我學習、隨機鍛鍊。他的觀察銳敏，待人真誠，許多戰時的
夥伴，成為終身的朋友。在對日抗戰勝利之後，他進入香港達德學院
進修，親炙知名學者如千家駒、沈志遠、王亞南、翦伯贊等，可惜不
及一年，便奉令返粵北山區，隨後再南下參與解放廣州，在華南分局
統戰部工作。他工作勤勉，備受器重，奠定他此後在黨內的地位。

1957–1977 時期

壯年何銘思奉調到新華社香港分社統戰部工作。在此期間，他的工作重點為廣泛聯繫、深入建交。當時香港充滿各地來此的難民，政商環境錯綜複雜；各種利益團體，相互疑忌，而港英政府，極盡分化炒作之能事。如此複雜的環境中，何銘思盡力保護及引導在港的文化人士及工商團體，增加他們對中國的瞭解及向心力。他工作的主動積極、實事求是、簡單樸實、不講客套的作風特別得到企業家的認同。慢慢地社會領袖如何善衡、霍英東、利銘澤、王寬誠、黃篤修、倪少傑、郭宜興、謝伯昌、徐季良、丁熊照等，都和他建立互信互助的關係。這些工作，逐漸產生了具體的效果。1978年國務院港澳辦領導廖承志親自聽取何銘思匯報後，任命何為港澳辦統戰部部長。

1978–1989 時期

何銘思在中央黨校學習後返港開展工作。他組織工商界企業家霍英東、利銘澤、李嘉誠、郭炳湘、胡應湘、李兆基、馮景禧、鄭裕彤、彭國珍、陳曾熹、陳德泰等多人去北京，和鄧小平等中央領導人見面，親身瞭解中國未來改革開放的政策。回港後他積極規劃在珠江三角洲一帶的道路橋樑、基礎建設及旅遊事業的投資；重要的項目，包括中山溫泉賓館、廣州白天鵝賓館、中國大酒店、花園大酒店等，並逐漸將資金及經管理念傳揚至內地多處。所以在八十年代中國的改革開放及經濟發展過程中，香港人自有不可磨滅的貢獻。

1983年廖承志突然逝世，港澳工作的政治氣氛及環境有甚多的改變，何因身體不適，手術後要求辭職未果，仍在統戰部服務。1989年6月4日北京天安門事件突發，坦克車上街鎮壓學生及民眾，電視傳播

之後，全球為之震撼。何銘思對中央若干決策、疏離青年學生意願，深為痛心，因於6月5日在香港《文匯報》及《信報》等宣佈退出中國共產黨，辭去所有公私職務。何氏這一舉措，真可說是石破天驚！他接着就到加拿大卡加利市定居。

1990–2008 時期

何銘思的盛年尋夢期可說是從1990年開始。和何銘思交往20年的霍英東，深知何的去國遠引是因公義之考慮，不顧他人的反對，多次去加拿大敦促何氏回港，協助開發大南沙的計劃。何氏一方面感激霍氏的誠意盛情，一方面心懷祖國的未來發展，終於在翌年整裝回港。這是何氏生涯中為企業服務的首次，南沙項目內容主要為設立南沙大酒店、世貿中心及中華總商會大廈等，立意從促進商貿旅遊提高南沙的經濟地位。

1997年春我出任香港科技大學副校長，和他們結識了。我認為南沙緊鄰虎門，是鴉片戰爭的肇源地，亦是中國近代歷史的重要轉捩點，建議以前瞻性的考慮，針對知識社會時代的來臨，建設南沙為資訊科技及人才培養的中心，以彰顯它繼往開來的時代意義。霍何兩位欣然同意，因正式和香港科技大學簽訂合作協議，先後成立「南沙資訊科技園」及「香港科大霍英東研究院」，作為未來南沙新城創新創業及高級人才培訓的主體。當時廣州市市長林樹森富前瞻性的思維，認為可藉此時機擴大粵港科技的合作，加速大廣州地區之發展，所以迅速以現資加入「南沙資訊科技園」團隊為股東。南沙之發展，因此集中政、產、學三界的力量，而走上嶄新的路途。這個項目由我主持，由此我對霍英東、何銘思兩位的愛國思維、工作熱誠、待人處世的作風和精誠合作的關係，有了比較深入的瞭解。

　　2004年春，霍英東考慮個人健康因素，作出一個前瞻性的措施。他將港幣逾30億元的資金，透過法律的形式贈與何銘思，俾有助於南沙計劃工作之延續。聲明此資金未來如何處理，概由何銘思全權主持。何乃將全數金額注入「霍英東銘源發展公司」為資本，並邀請霍氏三房所有子女及核心員工團隊等為股東，期待各方通力合作，共謀南沙發展。2006年末霍氏因病逝世，何氏年事已高，隨後亦辭去公司董事長一職，轉由霍英東之么子霍顯強出任。2008年後霍氏諸昆仲意見分歧，「霍英東銘源公司」之發展甚慢，但廣州市政府發揮領導功能，積極推動各項計劃。現時之南沙，已成為廣東省在國家十三五計劃重點之一。霍英東、何銘思之南沙夢，不意以此成真。

結語

　　我從旁觀察何銘思的一生奮鬥，深深為他愛國熱忱、擇善固執的風範所感動。在他樸實無華的外表中，深藏着悲天憫人的情操。他熱愛國家，為了抵抗日本帝國主義者的侵略，不惜放棄安逸的生活及學業，上山去打游擊，這是何等的氣概。他懷念那群一起出生入死的戰友，許多位在新中國成立後，因政治鬥爭的「冤、假、錯」蒙上罪名，或喪失了性命，或失去了自由，或忍受了身體或心靈上的摧殘，心中極為悲痛。當他看到天安門外雄起起的坦克車，駛向手無寸鐵的學生的剎那，他身上的熱血沸騰，不得不公開站起來，作一獅子吼，這需要多大的勇氣！他所希望的是高層領導謹慎將事，不要重鑄大錯，以致國家再度沉淪。

　　經過百年的革命滄桑，老百姓精疲力盡，現在國家一步一步的發展，已經上了坦途，這個喘息的空間，值得珍惜。他認為中國不需要再多的折騰，所以近20年來面對許多談天安門事變的場合，他反而

低調自持，主張順勢待時，他認為歷史自然會還給學生們及受難者公道。這是他犧牲小我，顧全大局的胸懷的表現。

最後十年南沙夢的轉折，因素甚多。主因二老相繼淡出，而後人理念不同，以致於纏說終日，躊躇不前。有人批評何氏任事過於執着，對後輩不假辭色，易滋反感。其實他感念霍英東的知心知遇，又在關鍵時刻伸出友誼之手，所以他急於成全霍氏的心願，這正是「為人謀而忠，與友交而信」的風範。他一生忠勤，標準甚高，深知光陰之可貴，曠失時機之可惜，對後進愛之深責之切，自所難免。然而霍何兩位努力的理想，及粵港科技人才合作的重要，已經引起政府的重視。今日的南沙，已成南中國發展的亮點，復非吳下阿蒙。古人明訓：成功不必在我。霍何兩位篳路藍縷，以啟山河；撫今思昔，應可無憾。其實人世間，既多偶然事，亦有其必然；天道無親，常與善人，此之謂乎！

本書由廖迪生教授、黃潘明珠女士兩位精心撰作，為一個外表平凡但嶔崎卓異的哲人作出翔實的描述，對於當今社會，對於未來讀者，應有振聾發聵、激濁揚清的重要意義。能為此書作序，是我個人的榮幸。

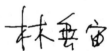

（林垂宙）

香港科技大學前副校長

2016年5月22日

何銘思訪談錄之緣起

認識何銘思先生，可以追溯到2003年春節前的一個星期一下午，何先生到香港中文大學圖書館參觀香港文學特藏開始。該特藏是人稱小思的盧瑋鑾教授，在2002年12月捐贈她畢生搜羅所得的三萬冊書刊和數十個文件櫃資料而命名。參觀完畢後，陪同何先生順道參觀中國研究中心。由於當天他問及很多達德學院的資料，所以待他離開參觀活動後，我馬上查考有關達德學院的歷史，反而引起我對抗戰前後中國和香港歷史的極大興趣。

及後斷斷續續地透過何先生的講述，我對抗戰期間東江縱隊、《華商報》出版等事情有更多的瞭解。2004年在參觀南沙建設項目之後，有機會到韶關進行交流和贈書活動，並參觀了韶關大學（現已稱為韶關學院），令我感受香港的有心人在韶關地區其實做了許多建設。

2010年，我從中文大學退休後，2011年輾轉來到香港城市大學圖書館擔任顧問的工作，該館在2012年接收了大批民國和1985年前在大陸出版的書刊，我想起何先生可能對新中國期間出版的書刊會有興趣，於是邀請他前往參觀。何先生驚嘆香港城市大學也收藏了這麼多早期新中國的書刊，忘記了是哪一天，他說希望將他個人收藏的書籍也捐給香港城市大學，這樣又把我和何先生聯繫起來。何先生很健談，有一次大概是2014年初到他府上，交代有關贈書的進展，那一天他興致來了，講了很多他的生平事跡，當時我問他可否錄音，他一口

答應，從那時開始，便展開何銘思先生的談話錄音。經過三、四次訪談後，覺得一位老人家為香港為中國做那麼多的事情，我應該可以再做多點，於是找得以前專門負責香港科技大學南沙項目的黃安發先生查詢，看能否說服何生正式接受訪談及找口述歷史專家幫忙，因而認識香港科技大學的廖迪生教授，經過商談後，廖教授欣然立刻答應協助，原來他以前也曾在南沙附近的村落進行田野口述歷史的研究工作。

可以說我認識何銘思先生的時間比其他前輩稍遲，何先生的早年事蹟，都是從小思（盧瑋鑾教授）和黃安發先生等口中得知，及後閱讀何銘思先生的多本著作及中國近代史，始略知其中一二，最近數月又從香港科技大學前副校長林垂宙先生講述中，進一步瞭解何先生在發展南沙項目對中國的貢獻。

與何先生的訪談過程當中，他時常把「自己一生，都是隨着大時代轉」掛在口邊，又不停地重複說：「我一生事蹟，平平無奇，不值得你們浪費時間和精力。」但是一位土生土長的香港人，曾經在殖民地統治下生活與受教育（在天主教學校喇沙和華仁就讀，在升讀初中前14歲左右便離開學校），卻心懷祖國，後來更參加了抗日隊伍，抗戰勝利後，繼續參與新中國的建設和從事統戰工作，值得我們瞭解這個心路歷程。2014年5月到年底，我斷斷續續與何先生談了幾次，廖迪生教授於2014年12月接手，訪談也正式開始。

每個人都有自己的故事，不要說自己一生沒有什麼特別之處，不值得記錄下來。寫自傳或是記錄別人口述的人生歷程，可以幫助其他人瞭解過去歷史，更能展望將來。回看自己，細味其他人物，在歷史洪流中，你會發覺人很渺小，可能是小小的漣漪，但同時你的一生，又可能實實在在地激起千重浪。

黃潘明珠

香港中文大學圖書館前副館長

2016年5月25日

彩色圖片

何銘思先生戴上「中國人民抗日戰爭勝利70周年」
紀念章的照片，2016年。

何銘思重訪深水埗，2016年。

達德學院70周年紀念典禮講話，香港，嶺南大學，2016年。

南沙海濱新城發展如火如荼之際，何銘思（左）與霍英東於南沙客運碼頭留影，背景為虎門大橋，廣州市南沙，1997年。

韶關學院醫學院「英東科教樓」奠基典禮，韶關，1998年。

何銘思家庭合照，2000年代。

《國色天香》畫贈何銘思伉儷，老莊繪畫、李門題
字，1991年。

參觀中山大學（前排左起：陳德泰、彭國珍、何銘思），廣州，1970年代。

何銘思（右）與利銘澤中國考察之旅，延安，1975年。

余叔韶家聚會留影（左起：余叔韶、李彥和太太、李彥和、何銘思），
香港，1977年。

獲中央領導接見的香港各界訪問團。前排左一為何銘思。1980年代初。

1980年代國慶觀禮團。前排右一為何銘思。旅順大連。

出席第六屆全國人民代表大會（左起：何銘思、李儲文、祁峰），北京，
1983年。

華夏基金五周年聚會（何銘思〔左一〕、何添〔左二〕、何善衡〔右一〕及梁銶琚〔何善衡後面〕），香港，恒生銀行，1987年。

華夏職業技術教育中心捐贈儀式。右二為魯平，右一為何銘思。常州，1988年。

討論香港職業訓練的發展（左起：魯平、何銘思、黎澤鑾〔Horace Knight〕），
香港灣仔，1980年代。

鋒社52周年聚會（前排左二起：李門、霍英東、梁威林、梁威林太太；後排
左二起：鄭達、林愉紀、何銘思、梁綺），廣州，1989年。

廣州呼吸研究所「英東廣州重症監護醫學中心」捐贈儀式（前排左起：鍾南山、霍英東、何銘思），2001年。

南沙世貿中心落成典禮。左二為何銘思。廣州市南沙，2005年。

何銘思與「可蘊基金獎學金」得獎學生合照，香港中文大學，2014年。

達德學院同學會聚會，廣州，2015年。

導言

　　過去的一個世紀，中國社會經歷了翻天覆地的變化，整個民族於動蕩的年代向未知的前路摸索。1911年的辛亥革命，滿清皇朝被推翻，國民黨取得政權，然而不旋踵便要面對內憂外患；另一邊廂，中國共產黨於1921年成立，並迅速茁壯，至1927年開始，國民黨與共產黨展開漫長的內戰。1931年，日軍發動九一八事變，侵佔中國東北地區，繼而在1937年全面侵華，中國展開了長達八年的抗日戰爭，老百姓陷於水深火熱之中。香港也於1941年淪陷日軍手中，直至1945年日軍投降，中日戰爭才全面結束。抗戰勝利，可是中國社會並沒有因此安定下來，緊隨是慘烈的第二次國共內戰。至1949年共產黨取得政權，成立中華人民共和國；當時大家都期望中國有一個美好的新開始，但迎來的卻是一連串政治運動，社會再度陷入動蕩之中，直到1978年文化大革命結束，中共提出改革開放，老百姓總算可以鬆一口氣。沒想到在11年後，即1989年，北京的「六四事件」又為中國社會帶來了一陣劇痛，許多人至今仍難以釋懷。總的來說，過去的30多年，社會漸趨開放，基建急速發展，人民的物質生活得到大幅改善，社會漸漸安定下來。

　　中國人經歷百年的巨變，年逾九十的何銘思先生稱這是一個「大時代」，在蛻變的過程中，受影響的人數以億計，而置身其中的他，正好

是歷史過程的一個註腳。本書並不是要討論中國大變化的理論，而是從一個參與者的角度，透過何銘思先生的工作、經歷及參與的計劃，瞭解中國及香港在時代巨輪轉變中的一些人與事。書中主角何銘思先生，1923年在香港出生，他曾參與抗日戰爭，成為共產黨黨員，1949年成為廣州市的公安幹部，繼而在統戰部工作，並在1957年被調派回香港的新華通訊社（簡稱「新華社」）香港分社[1]工作，至1978年被任命為香港港澳工委統戰部部長，並參與近年中國的改革開放建設。何先生曾經歷中國近代的重要歷史時刻，身處中港兩地之間，曾作出了不少突破性的工作。我們希望透過何先生的經歷與遭遇，在中國及香港的脈絡中，進一步瞭解個人能動性[2]在這個變化多端的社會中的作用。

何銘思先生的經歷

何銘思先生於一個大家庭長大，父親有八個妻妾，但這也是何先生最不滿意父親的地方。何父在小時候與兩位兄長跟隨父親從廣東順德來到香港，長大後經營工廠及貿易行，是一位生意人，可以說是一位典型的小資本家。

何先生卻沒有遺傳父親對做生意的志趣，反而很喜歡看書，也寫過很多文章，並曾出版雜誌。[3]意外地，何先生自言年幼時對讀書的興趣不大，所以讀書不成，初中時便離開學校。這時候，正值日軍開始侵略中國，他認識了洋務工會的書記何培先生；何培跟他分享世界大事、國家形勢，因對這些新資訊的好奇，令他重新燃點起書本的興致。

當日軍入侵中國的時候，何先生決定到深圳參加游擊隊，對抗日軍。其間，他得了瘧疾，由於缺乏醫藥，被迫返港醫治。1941年香港淪陷之際，他再前往粵北韶關參加抗日戰爭，在抗日部隊中參與文宣工作。韶關是當時廣東省戰時政府的駐地，也是日軍的攻擊目標。何

先生對抗日是堅決的，他放棄他父親給他的名字「兆銘」，而採用「銘思」一名，因為「兆銘」是「漢奸」汪精衛的原名。在韶關的數年間，何先生認識了很多文化人，從他們身上，學到了很多待人處世之道，其中李門及饒彰風，對他的影響特別深遠。

1945年日軍投降，何先生所處的粵北部隊解散，他也就回到香港，並進入達德學院，再續讀書心願。奈何國共內戰如火如荼，何先生決定放棄讀書的機會，返回粵北，參加共產黨與國民黨對抗的武裝鬥爭。

1949年共產黨取得政權，成立中華人民共和國。解放廣州的時候，何先生領着粵北一支子弟兵到廣州，編入廣州市公安總隊，負責廣州市的治安工作。新中國成立，在香港的親中人士與團體，卻受到殖民地港英政府的排擠，很多人被遣返中國。按照上級的命令，何先生於1951年返回香港，與他年青時已經認識、並在韶關重遇的陳用心女士結婚，目的是為了保護她，以及與她一起的親中人士。何先生婚後返回廣州，他太太也於1952年返回廣州，夫婦二人同在統戰部工作。

1957年，何先生夫婦先後被調派回到香港，在新華社統戰部工作；這個安排，讓他們避開了內地慘烈的政治運動。何先生在香港展開統一戰線的工作，他越過禁忌，主動接觸不同背景的人士，也在這一個時期，認識了霍英東先生，而成為霍英東日後推行中國建設計劃的領軍人物。1978年，中國的政治形勢轉變，廖承志任命何先生出任港澳統戰部部長。作為統戰部部長，他當時的最大目標是利用香港的力量與資源，支援中國的改革開放，提升中國的教育與科技。他得到霍英東、利銘澤、何善衡及李兆基等香港資本家的支持，發展酒店、進行教育、培訓及地區建設工作。最令他得意的是中山溫泉賓館及廣州市白天鵝賓館，這兩個計劃成功成為中國改革開放的突破點。[4]

然而，在1983年廖承志去世後，他感到上級的政策變得難以捉摸。1984年許家屯接任新華社香港分社社長一職，[5]但何先生不能接

受許家屯的處事方式，也覺得自己不適合當時的官場政治，四年後，
他65歲時，辭去新華社的工作。何先生雖然退休離開新華社，但並沒
有放下支援中國發展的工作，他繼續協助霍英東展開南沙發展計劃。

　　期待改革開放逐步為國家帶來改善的何先生，沒料到1989年會發
生「六四事件」，對他造成很大的震撼，他甚至登報脫離共產黨，其後
更離開香港前往加拿大的卡加利（Calgary）。身在異鄉，可是他沒有放
棄他造福社會的動力，在霍英東的支持下，於卡加利的短短數月間，
參與了多項當地的社會建設工程。霍英東很希望何先生可以返回香港
幫助他的中國建設工作，不惜「三顧草廬」，最終說服何先生返回香
港，成為「銘源發展有限公司」的董事長，負責霍英東南沙海濱新城的
建設，並在粵贛湘三省相連的「紅三角」地區開展教育經濟建設，目的
是將之建設成為南沙的經濟腹地。不過隨着霍英東先生2006年去世，
何先生的工作也停頓下來，接着翌年更辭去銘源發展有限公司董事長
的職位，那年他是84歲。

中港兩地之間

　　何銘思先生時常把「我是『香港仔』！」掛在口邊，他的人生歷程
從香港開始，到深圳及粵北參加抗戰，繼而在廣州工作，最後回到香
港。經歷了香港的殖民地時代，以及殖民地回歸中國的歷程。自從
1842年香港成為英國的殖民地開始，使得香港與中國保持着一段距
離，這距離也讓香港在中國近代史中保持着一個特別的位置。[6]在推翻
滿清的革命、抗日戰爭、共產中國的成立以及1980年代肇始的改革開
放中，香港都承擔重要的角色。[7]除了推翻滿清的革命之外（何先生當
年仍未出生），何銘思先生的經歷都與這些事件相關。

　　香港成為英國的殖民地後，漸漸演變成一個很獨特的地方；滿

清、民國以及共產政權，都容許香港的存在。根據何先生所言，周恩來對香港的政策是「長期打算，充分利用」。[8]香港是一個支援中國，但也是一個牽動變革的基地。有趣的是香港及中國社會都在不斷的改變中，中國的政策，在香港都有支持和反對的人，中國政情的變動，也會直接對香港產生影響。何銘思在殖民地的香港長大，但他一直是站在中國人的立場看問題，他前往大陸參加抗日、為新中國政府工作，但何先生非常重視香港經驗在中國社會所起的作用。

1949至1997年間，在英國殖民管治下的香港，中國共產政權沒有設立正式的代表機關，香港新華分社便擔當着一個特殊的角色，作為溝通兩地社會的橋樑，也是北京在香港進行統戰工作的機關。[9]1978年開始的改革開放，讓何先生得以發揮他的作用，將香港的經驗與資源引進中國，同時將內地的大學教授及幹部帶到香港接受培訓，讓他們學習中國以外的經驗與制度。以整個中國來說，何先生所做的事，雖然規模不算很大，但卻是建立了經濟改革的「突破點」。

在抗戰的年代，何先生大部分時間都是在粵北，由文宣工作到部隊作戰；他看見生靈塗炭、戰爭對老百姓的傷害。當他可以調動資源的時候，他嘗試回饋當地社會，進行教育與地方建設。他將霍英東的建設計劃從廣東沿海伸延至粵北的「紅三角」，幫助這個滯後發展的地區。

個人的抉擇

回溯上世紀二十及三十年代的香港，社會經濟困乏，工作機會短缺；雖然抗日情緒高昂，但對很多人來說，吃飯比任何事都重要，讀書求學更是不太容易的事情。年少時的何先生有上學的機會，但卻沒有讀書的興趣，他的目標是要到外面世界闖蕩。

那是一個兵荒馬亂的時代，世界瞬息劇變，日本軍國主義抬頭，

野心入侵東亞國家，1937年，中國展開了慘烈的八年抗日戰爭，而香港也在1941年淪陷。對一個住在香港的十多歲的青年人來說，那是一個很大的衝擊。何先生回憶說，那時驚覺世界經已起了巨變，而自己卻對這個世界一無所知。

在戰場上，子彈橫飛，生命是很脆弱的。對普通老百姓來說，每日都面對着動亂，過着饑饉的生活，大家都不知道自己的生命可以延續多久。面對國家民族興亡、人人自危的局勢，自己可以做些什麼事呢？

在亂世，資訊的流通是有限的，在對抗日軍侵略的時候，區別共產黨與國民黨的分野顯然不太重要，當時大家首要是槍口一致對外，而實際上兩者的分別也不是那麼清楚。對很多人來說，很多決定都是在一念之間，很多所謂的「選擇」，可能只是根據後來事物發展的結果來界定的。今天，共產黨和國民黨是兩個很清晰的概念，但這兩個實體是在漫長的過程中產生出來的，中間經過分開與結合，但參與者大都沒有選擇的機會。正如何先生所言，個人只是在「潮流」中飄蕩。

1949年，大家對新中國充滿着期待。既然抗日戰爭時可以回內地為國家民族犧牲，為何不可以為建設新中國而返回大陸呢？這段時期，有大批華僑及香港人回到國內，可是那個蜜月期只有短短的數年，接下來的是一連串的政治運動，發展至人與人、朋友與朋友、親人與親人之間的相互攻擊。在那個專政、政治掛帥的年代，個人變得非常渺小。在階級鬥爭的運動中，強調「根正苗紅」，這是一個以過去為藉口的遊戲；以一個人的過去，甚至是他們父母的所謂過錯，來攻擊個人，聲稱作為改變社會的起點。要在那個人與人之間相互攻擊的制度中生存，就如在懸崖上的一道鋼線上行走，必須步步為營，一不留神，便粉身碎骨。

何先生經歷了動蕩的年代：在三、四十年代，有慘烈的軍事戰爭；在五、六十年代，有激烈的政治鬥爭。對很多人來，中國的近代史是一

本徬徨與荒謬的書。在大混亂之後，大家都希望有一個安穩的生活。也就是在這個務求安穩的氣氛中，形成了今天「民族」及「國家」等概念。[10]

而何先生以共產黨幹部身份在香港新華分社統戰部的工作，由1957年開始，至1978年擢升為香港新華分社統戰部的部長，這一年他55歲，是一個可以發揮的年紀。何先生利用他的位置，將他對中華民族的期望付諸實行。他利用工作中所建立起來的人際關係，推動香港華人資本家投入數以億計的金錢，參與中國的改革開放建設：籌建酒店、設立教育基金、在大學建立管理學院、發展南沙、建設紅三角地區等計劃。

雖然何先生推動了很多建設計劃，在訪談時，他謙遜地多番強調自己沒有特別的貢獻，他調侃地說：「我什麼都沒有，就是『得把嘴』！順勢而行，大家都熱愛自己民族，支持家鄉建設。」他說他只是順着潮流，跟循中國數千年傳統文化，做他應該做的事，就如大江洪流，捲起串串浪花，他將自己比喻為浪花中的小水點。

對於廖承志當初任命他負責港澳的統戰工作，何先生自謙地說，他當時只是一個普通幹部，也不明白為何會被選中。我相信北京官員是非常瞭解香港的情況，在撥亂反正的新時代，何先生的任命不會是一個巧合。何先生回應說：「可能是因為我比較廉潔、做人有正義感；加上我並不熱衷政治，沒有所求，而且我是可以退下來的。」短短幾句，盡現何先生的高風亮節。

口述歷史訪談

2006年，我們幾位香港科技大學人文學部的同事參與霍英東研究院的項目，在廣州市南沙設立華南研究中心辦公室，推動香港與中國大陸學界的交流與合作，也因此認識了黃安發博士，他是香港科技大

學霍英東研究院的開山功臣之一，也是他提出這個口述史計劃。他認為何先生的經歷很重要，應予記錄，但起初他也不知道何先生是否願意接受這個計劃。

　　而何先生早在2003年參觀香港中文大學圖書館的「香港文學特藏」時，認識了圖書館的副館長黃潘明珠女士。潘館長在中文大學退休後，2011年到香港城市大學圖書館擔任顧問工作，在她的聯繫下，何先生將他的藏書捐贈予香港城市大學圖書館，在捐書的過程中，何先生與潘女士談到很多他的往事，潘女士也開始記下何先生的口述史材料。最後得到何先生同意，在黃安發博士的統籌下，我們2014年12月正式開展了這個口述歷史計劃。

　　我從事人類學的研究，對象是基層社會，研究人的日常生活，希望從中瞭解社會的運作。在何先生的口述歷史計劃中，我想進行一個生命史的記錄，再從何先生的經歷，瞭解中國社會的變化。但這些個人經歷的事情可以是很瑣碎的。[11]在訪談初期何先生未必理解我們的需要。他曾經對我說：「要關心大事件、大事情。」從我的角度看，何先生是一位知名人士，他有豐富的人生閱歷，曾經是中國駐香港機關的高層，是南沙資訊科技園的領導。在開展計劃之初，我並不太樂觀這個計劃可以成功。

　　訪談計劃之前，我與何先生曾有兩次見面的機會。第一次是2007年在香港科技大學霍英東研究院在南沙的開幕典禮中，他特別到我們的華南研究中心參觀。何先生是一位謙謙長者，所言不多，但他很欣賞我們的藏書，然後說他家中也有一些書。在這個研究期間，我翻閱了很多與何先生有關的書籍及刊物，發現他的個人相片不多，但有一張他拿着書本的照片卻出現了很多次。在訪談中，我印象最深的，是他多次強調在達德學院讀書時有很大的得益。

　　第二次接觸何先生，是在香港科技大學物理系吳大琪教授舉辦的

活動中，吳教授邀請他到科大與同學見面，分享他的人生經驗。吳大琪在霍英東研究院內設立了一個教育發展組，其中一項活動是組織科大學生到粵北山區，為當地學生進行短期科普教育，我們華南研究中心則幫忙安排同學們學習一些田野研究技巧，到地方家庭訪問，體驗地方社會生活。

與何先生訪談是一件愉快的事情，他很謙虛，常說訪談會浪費我們的時間。我們的訪談都是在早上進行，何先生會先作一些準備，把一些相關的書本材料放在桌上，等待我們的來臨。在談話時，何先生凝視着你，聆聽着你的說話，眼球是固定的，炯炯有神，讓你有受到尊重的感覺。當他為你的問題思考時，眼珠會急速地左右移動數下。他是認真的，願意為我們的問題提供實在的答案。

在我們見面的經驗裏觀察，何先生過的是簡單而樸素的生活，在冬天，何先生穿着一件長袖襯衫，外面加上一件外套，有時候天氣比較冷，他會多穿一件羽絨大衣。何先生的襯衫、外套等的衣袖和衣領的邊緣都是磨損了的，應該是長期洗濯的結果。

何先生住在屯門海邊高樓的一個單位裏，大廳內只有簡單的家具，櫃上及牆上放了一些家庭照片和與過往老戰士聚會的照片，比較特別的是櫃上的一個約15厘米高的相架，鑲了廖承志的半身照，以及牆上一張潘靜安的橫幅題字。單位有一個朝南的小陽台，望着大嶼山和機場，很開揚的景觀。他的睡房也很簡單，牀頭的左右兩旁分別有一個小櫃，櫃上放了書本，房內也沒有什麼特別的裝飾，睡房旁是書房，書架上擠滿了書。

何先生喜歡看書，有很多不同的書籍，一疊疊的放在桌上與睡房的小櫃上。書本內容用筆劃線或用貼紙標記，方便閱讀。何先生重視傳統社會道德，喜歡中華文化，從古到今，從唐詩宋詞到廣東粵曲與地水南音，他都有興趣。

研究與書寫

我跟何先生的訪問是在2014年的冬天開始，當時我也不知道會有什麼結果，口述訪問是一個互動的過程，沒有受訪者的信任，訪談無從進行。我們人類學的研究，尊重受訪者的聲音，就是要讓受訪者說他們想說的話。[12]

我們一共進行了12次訪談，每次訪談都是安排於上午在他的家裏進行，為時三至四個小時，參與訪談的包括筆者、黃潘明珠女士及黃安發博士。其中一次是與何先生跑到他長大的深水埗，讓他在現場告訴我們他少時的生活。本書的內容都是基於30小時的訪談錄音及何先生所提供的參考材料編輯而成，編寫工作由筆者負責。

在訪談時，何先生侃侃而談，提到很多人名及地名，及後何先生亦花了很多時間為我們改正錯漏。本書內文，都是節錄自何先生的口述記錄，我盡量保持他的原意，除了導言外，內文都以何先生的第一身方式表達，而透過註釋補充人物與事件的內容。在訪談期間，何先生也讓我們翻閱他所藏的私人照片，照片的影像給我們另一個途徑去瞭解何先生的經歷；何先生更容許我們刊登部分照片，豐富書本的內容。

何先生答應我們可以永遠保存他的訪談錄音，作為學術研究之用。在這個口述歷史計劃中，非常感謝何銘思先生給我這個機會，讓我對中國及香港近代史有更加深入的認識，也給我提供了一個瞭解中國社會的新角度。由於本書成文倉促，筆者能力所限，文中尚有錯漏地方，盼各方指正。

第一章

香江童年

家庭

那時，大概是在民國初年，我的祖父與他的三個兒子從順德容奇桂洲來到香港，我的父親何少波是三兄弟中排行最小的，三兄弟中，大伯父最有成就，二伯父經營小商店，售賣生活雜貨。我的祖父及父親最初住在灣仔汕頭里（今汕頭街），後來父親從灣仔搬往深水埗居住，經營紡織廠。

我在農曆五月十八日出生，香港身份證上的出生年份是1923年，但小時家人常説我的生肖是屬狗的。[1] 父親給我的名字是「兆銘」，我在深水埗長大，家在汝州街的一棟三層高的唐樓裏，[2] 樓宇位於汝洲街三太子廟的左鄰。在住所三樓的窗口下面，就是廟宇的屋頂。因為對面的樓宇曾經發生火警，大家難免有點擔心，也準備若有火警發生的話，就會從三樓的窗戶跳到廟宇的屋頂逃生。

今天的三太子廟，[3] 外形、石柱與結構都跟以前的一樣。廟內主要供奉哪吒，還有太歲及金花夫人。三太子哪吒，是李靖的第三子，

他鬧翻東海，把龍王弄到頭昏腦脹。廟前兩個鼓樓間的空地是我們小朋友玩耍的地方，相互以逼迫筒射擊，[4]那是當時流行的玩意。我們很尊重廟宇，不會在廟內玩耍；但我的父親及家人都很篤信這些民間宗教。三太子誕在農曆三月十八日，以前在誕期時，會在廟前蓋搭臨時戲台，[5]上演木頭公仔戲，街上坐滿看戲的觀眾，非常熱鬧，有時候大量觀眾會把整條汝州街堵塞，水洩不通。

我小時，街坊也會稱深水埗一區為「黃耀東」。[6]在南面的方向，有一個叫「東廬」[7]的小山丘。以前南昌街中間是一條水坑，今天水坑已經被覆蓋，成為一個休憩的地方。深水埗碼頭設在今天通州街與北

地圖1：深水埗地圖，1924。以香港特別行政區政府地政總署測繪處航空照片編號H19–4及H19–5（1924年）作藍本繪畫。

河街交界的地方，渡輪行走深
水埗與中環之間。[8]

　　我父親經營的兩間織造
廠，分別名為「友生織造廠」
及「友信織造廠」，合稱「友生
友信兄弟織造廠」，工廠也是
在汝州街，就在住所對面，樓
宇都是自己物業。兩間織造
廠中，一間織布，一間生產線
衫。線衫用機器生產，但也有
人工縫製的部分。以當時的情
況來説，屬於小廠規模。生意
好的時候，會僱用二、三百名
工人。工廠用的棉花原料，來
自印度或英國，後來採用日本
人造絲作為原料。但製成品往
哪裏銷售，就不太清楚了。

何銘思之大伯父（中）、二伯父（左）及父
親（右），1920年代。

　　那時深水埗是一個工廠
區，有許多大大小小的織布
廠。大多數都是小廠。當時香
港有數間著名的織造廠：紅磡
的「大興」、油蔴地的「金興」
及何文田的「周藝興」。[9]父親
後來在桂林街與鴨寮街交界的
地方，開辦「兆記行」，經營代
理花紗（即棉紗）及人造絲的生
意。深水埗也有不少機器廠，

何銘思於舊居現址及三太子廟前留影，
香港深水埗，2016年。

為附近的工廠維修機器；還記得桂林街後面的一間機器廠，廠東是中山人。嘉頓麵包公司本來也是在鴨寮街，後來才遷到現在青山道的位置。

沿着北河街向海邊方向走，然後從基隆街轉上去，就是街市，也就是現在街市的位置；街市設有上蓋，內有許多檔口，貨品種類繁多。還記得小時候，要走到那裏買豆腐。區內有一間比較大的酒樓，名為順慶酒樓。

現時西九龍政府合署的地點，從前是英軍兵營。人稱該地為「大坪」，是一個很開闊的地方，有一個大球場，球場後面是英軍的靶場，那時英軍每天早上練槍，他們用的是「紅毛拾牛角機關槍」，碰碰嘭嘭，整天都有槍聲。日軍佔領香港後，將該處改為集中營，部分被日軍俘虜的英軍，便是被囚禁在那裏。[10] 大坪的西面是深水埗警署，我們稱之為「差館」，再過一點便是海壇街，那裏離海邊不遠。日軍佔領香港後，我們都離開，不再住在深水埗。

我小時候，祖父已經去世，並葬於香港。9歲時，曾經隨着母親返回順德容奇桂洲龜崗，找尋曾祖父的墳墓，但是沒有找到。當時村裏面蓋搭了戲棚做大戲，晚上母親帶着我去看戲。桂洲的胡姓宗族有龐大的勢力。一些胡姓人，前往戲棚看戲不買票，並與現場的人衝突起來，其中一些人還開了槍，嚇嚇啪啪的。結果戲沒有演出，母親便牽着我的手離開，路上望着腳下的石板路，是一片一片的大石塊；我與母親一路走着，只見月光如水。其實，我並不是特別喜愛粵曲，但當我聽到粵曲時，便不期然地會想起母親牽着我的手的感覺。永遠就是這一點兒，知道自己是順德人。那個感覺難以言喻，就是那丁點兒的小事情，便令你終生難忘。

我父親的家庭比較複雜，他有八個太太。我也搞不清楚我的生母是父親的第三還是第四位太太。母親的名字是潘艷華，也跟父親一

樣，祖籍廣東順德。潘氏家族在順德有點名氣，人稱「潘家宅裏」，也有稱「潘家宅」，即是潘家大屋的意思。但我一直都不清楚「宅裏」是什麼意思。

我的親表哥潘朝英，[11] 也即是舅父的兒子，是潘家中有才幹的年青人。我稱呼他為「表哥」，他與我父親年紀相若，父親曾經照顧他一段時間，他在北京（當時稱北平）輔仁大學讀書，畢業後曾任天津《益世報》總編，後來成為海洋大學校長。他本來是一名左派，1949年前卻成為右派，原因為何，也不知道。在那個時代，就是那麼複雜。

我另外還有一位潘姓表哥，我稱他「大珠表哥」，他早年參加廣東的革命，後來國民黨進行清黨[12]時去了外國。大珠表哥有一位弟弟，我稱呼他為「六珠表哥」，在日軍侵華期間，他在順德成為了「大天二」，[13]但後來大天二之間火拼，他被自己一方的大天二殺了。解放後，我曾經在廣州與大珠表哥見面，他說以前曾經在周恩來之下工作。我當時職位不高，在他眼裏也沒有位置。他有一套建設中國經濟的理論，我將他的意思向上面反映，但上面根本沒有興趣。那時中國講的是階級鬥爭，經濟建設不是話題。後來，我與大珠表哥也失去了聯絡。

我還有一位舅父，名字是潘仭千，他在曹善允律師樓[14]擔任「師爺」[15]的工作。他的一個兒子，在中國海關工作。從母親家族成員的經歷，看到珠江三角洲的地理形勢，讓當地的居民與外面世界有較多接觸的機會，也較容易接受西方思想。

父親很投入做生意，整天東奔西走，他有很強的活動性格，有廣闊的人際關係網絡。父親的紡織廠需要花紗作為原料，需要經常與洋行進行花紗交易，他後來更加發展了代理英國花紗及日本人造絲的生意，主要是向紡織廠銷售原材料，但由於來貨格價時常有很大的波動，生意有很高的風險，可以說是屬於投機性的行業，[16]是三更窮、四更富、五更發達，但也會頓然失敗。父親當時看見別人撲上去投

機，他也跟風而上，但最終因為看不透時代的走勢，生意失敗告終。

那個時代，很多人從鄉下出來香港，大都不知道哪裏有機會，也不知道大形勢的發展，只有東碰西碰，希望找尋工作及生存的機會。大家跟着大潮水，有時好像能夠賺錢，但有時則好像什麼都丟了，不知如何是好。但客觀來說，香港是一個很特別的地方，有時有很多機會，到現在我還常常想着這些問題。

那個時候社會非常動盪，父親的生意失敗後，家庭開始破落崩潰，最後甚至沒有能力繳付租金，要急急搬走，這個叫「走租」！即是放棄生意，馬上離開店舖與住處，什麼都放棄！年尾債主臨門，催迫還錢的可憐狀況，至今記憶猶新。那是在年三十晚，債主上門追債，坐在家門前喊着：「喂！你的欠款要結帳了！你如何處理呢？」我們小孩子看着，心裏騰騰震的，也不知如何反應。心想，明天還有飯吃嗎？「伯爺公」就淡然地說：「你們拿一些東西去典當吧！」最後把家裏的一部 Underwood 牌子的打字機[17]典當了，也同時解決了翌日吃飯的問題。「伯爺公」是家人對我父親的稱呼。

父親生意失敗，加上經濟不景，我們舉家遷往新界洪水橋，租住一間屬於一個內地軍閥的別墅，但母親卻因為蚊患而染上惡性瘧疾。她到油蔴地找葉錦華醫生診治，葉醫生頗有名氣，但母親終於不治，最後在深水埗寶血醫院去世。那是 1935 年，當時家道破落，社會動盪不安，我的心情很惡劣。

之後的一段時間，我們舉家返回順德容奇家鄉。胡姓在當地為大姓，有長久的定居歷史，我們何姓只是後期遷入的居民。父親是一個很有辦法的人，他嘗試從事不同的生意，甚至經營白銀買賣。但在容奇生活期間，他結識了一位名叫綺雲的年輕女子，並娶她為第八位太太，她只有 18 歲，比我的年紀還要小。我的父親有數個太太、數個妾侍！這是不對的，我不喜歡這個情況。

家庭出現了變化，父親的生活又有點兒荒唐，三妻四妾，可以說是一個十分腐朽的家庭。我對家庭的狀況非常不滿，在無可奈何之下，離開家庭，在桂林街與鴨寮街交接的樓宇[18]租住房間，自己生活。這時，抗日戰爭也剛開始。

其時，家庭也差不多要解體了，我跟着搬到青山道的一個房間居住。該區有很多唐樓，租金比較便宜，環境也比較安靜，且鄰近馬路，交通方便。這段期間，自己思想上有比較大的轉變，開始讀書的興趣。當時特別要看的是巴金的《家》、《春》、《秋》，[19]書本正是批評像我父親的一類家庭。

讀書生活

我開始到學校唸書時，就覺得自己不是讀書的材料。父親是生意人，家裏人都是不曾讀書的，他們不覺得讀書重要，也不知道如何安排我讀書，總的來說，我生長在一個不重視讀書的家庭。不過，我的父親確曾讓我有機會接觸到一些好老師，只是我自己決定離開學校，走進那個大時代中的社會。

我最先入讀的幼稚園，由「精武會」主辦，學校在油蔴地彌敦道與甘肅街交界的地方。[20]幼稚園的課程，還包括打功夫，但我對這些沒有多大興趣，我回到學校就只顧睡覺。我唸幼稚園時發生了一個笑話：我的家人每天都會到學校接我回家，有一天下課時，所有學生都走了，我卻沒有出現。大家估計我還沒有離開學校，便在學校裏四處尋找，結果一位老師在二樓騎樓找到我，我當時是伏在一根柱子上睡着了。

數個月後，我便離開精武會幼稚園，轉到深水埗的清華小學繼續學業。清華小學在基隆街，[21]面對着街市。學校在唐樓的頂層三樓佔兩三個單位，我們上學時要走樓梯。還記得上學的第一天，家人替我

穿上長衫馬褂，跟我說，回到學校時，要跟從拜神的儀式，我心裏有被人擺弄的感覺。我當時對讀書的興趣不大，在課堂上我只管睡覺，也時常受到老師的責罰，到三年班時，我便離開清華小學。

父親透過他的社會關係網絡，為我尋找學校，在一位神父的介紹下，我入讀喇沙書院。當時我大概是9至10歲。喇沙書院(舊校舍)在九龍塘秀英台，校園是經開山劈石而建成的。那是一所很有規模的學校，有數百名學生，校園很漂亮，建築物是羅馬式的，有自己的教堂，設備可以媲美今天的國際學校。但那校舍後來被拆了，李嘉誠在那裏建了樓房，有點可惜。

對我來說，喇沙書院是一個完全陌生的環境，授課語言全是英文，但我卻完全不懂英文。我到喇沙唸書，要重新開始，入讀最低年級，讀ABC，唸的是Boy and Cat。對我來說，英文與中文字完全不一樣，英語與廣東話接不了邊。我英文唸得最好的是這數句信經："I believe in God, the Father Almighty, Creator of Heaven and earth." [22] 這是因為當時每天上課及下課時都要唸，但我當時並不懂這些英文的意思。

當時喇沙書院的校長是Brother Aimar，[23] 副校長是Brother Lapoli，"Brother"就是修士的意思；他們好像是意大利人。書院的其中一些老師來自澳門，大概是因為澳門盛產鹹蝦，所以學生背後稱他們為「鹹蝦燦」；其時香港有很多葡萄牙人，他們都比較有社會地位。還記得那時候香港有「大奧仙盧」及「小奧仙盧」的兩位足球員，他們都是葡萄牙人。

喇沙是男校，一班有40個同學，全部都是男生，附近有一所女校，就是油蔴地的女拔萃。喇沙的學費比較高昂，每個月五元。有一次，我丟了學費，因為害怕被責罵而沒有膽量回家。每天從深水埗到喇沙書院上學，家人給我坐巴士的車費，但下課時，我很多時候會步行經花園街返家，目的是要省回車錢，用來購買零食，那時候三個仙(三分錢)便可以吃一頓豬紅粥和油炸鬼呢！

以前的學制跟現在的不一樣，沒有中小學之分，唸書是從八年級開始，最後是一年級，二年級可以算是大學預科，讀完一年級便可以升讀大學。在喇沙，我從八年級開始，讀了兩年，但因為應付不了，在七年級之後便沒有繼續讀下去。後我轉到九龍華仁書院上學，學校在奶路臣街，即現在麥花臣球場的旁邊；學校的東面，就是何文田。我當時約 13、14 歲，唸六年級。校長林海瀾[24] 是星加坡人，對學生很嚴厲，學生稱他為 Tiger Lim。學校也有些有名的老師：「高佬李」專教英文，擁有香港太平紳士的名銜；「肥佬周」教授歷史及英國歷史；教授中文的是「長衫佬」，他每天都穿長衫；林海瀾則教授 Bible (聖經)。班主任 Mr. Arthur 是錫蘭人，錫蘭現稱斯里蘭卡，他沒有頭髮，是光頭的。他最喜歡給我出難題，由於我的英文發音不正，他便要我站着唸英文，朗讀英語的 Salt (鹽) 和 Soup (湯) 兩字，但我都總是讀不出兩者的分別，他也沒有辦法幫我矯正發音。這位班主任時常要公開處罰我，我可面皮厚，不覺得是什麼。

我在華仁書院讀書時，有幾位比較要好的同學，方定邦是其中一位。我與方定邦年紀相若，大家都是唸六年級。他在廣州長大，廣州淪陷之前來了香港，然後在華仁讀書。他是一位很用功而聰明的學生，有一股新鮮的「廣州仔」的味道。他很厲害，運動場上的公開比賽，100 米及 400 米跑步，他都拿到冠軍。方定邦的姊夫在廣州經營金聲戲院，[25] 那是一間電影院。也是因為經營電影院的關係，他的姊夫與話劇及電影界的明星，如王人美、[26] 金焰、[27] 高占飛 [28] 及胡春冰 [29] 等都有連繫。

我一方面從方定邦那裏明白到社會的大趨勢，另一方面，我跟他一起鍛鍊身體。我每天早上都練跑，從深水埗出發，途經花園街、窩打老道、漆咸道、尖沙嘴，然後返回深水埗。那時自己還學習打單槓，並且在房間裝置了兩個吊着的鐵環，用來練習雙環。當時有些人

每天早上在青山道鍛鍊，我也跑去參加。對着一幅人身高的牆，我跳到半高，按着牆頂，便可以翻過去。我們有時還會到荔枝角海灣[30]游泳，因為我的一位小學同學陳仲芳的家人在荔枝角海灣經營船廠，船廠設有游泳棚。我們從泳棚出發，游到對岸的汽油儲存倉旁，然後折返，來回可以游十次，我們都算厲害！

當時去游泳，是要鍛鍊身體，但也是因為覺得這個玩意有意思，比較高級。當時我已經計劃離開學校，但想法還是非常蒙昧，鍛鍊的目的是要建立強壯的身體，準備到外面看世界。我曾經參加渡海泳比賽，還記得那一屆的渡海泳冠軍是麥偉明。[31]我當然沒有拿到獎牌，目的只是能夠游到對岸，完成比賽。當時的渡海泳在北角舉行，因為那裏的海面比較窄，距離比較短。

在華仁書院兩年後，大時代來臨，我也決定不唸書，離開學校，繼而前往內地參加抗戰。方定邦後來在九龍倉工作，是負責貨倉管理的工頭。日軍投降後，1946年我返回香港，在達德學院[32]讀書，但那時與方定邦等幾位比較要好的華仁同學已經失去了聯絡。

陳仲芳是我的小學同學，同是街坊。陳家是大家族，在鴨寮街一幢三層高樓宇的二樓及三樓，[33]當時鴨寮街基本上是住宅區。陳家樓地下是店舖，門口有「趟櫳」閘門及一對漂亮的麻石裝飾，三樓藏了很多書籍。雖然我的家庭漸趨衰落，但我開始對閱讀產生興趣，有空時，便跑到陳仲芳的家裏看書，也在那時認識了他的妹妹陳用心。

當時陳用心在廣州遠東中學唸書，廣州淪陷後，便回來香港，在華南女子中學就讀。她接受中國教育的薰陶，是一名才女，而且樣子標致。但那時正處於一個動亂不安的時期，加上自己居無定所，動向不明，生死亦未可預料；我縱有愛慕之心，但自知沒有資格和她來

《鏡遠堂序》，總結陳家在香港的發展歷史，陳用心書，2007年。

鏡遠堂序

深水埗頭海灘邊，衙邊陳樹修造船，創業興家鴨寮街，家興業盛耀門庭。
父承子繼難守業，傳宗接代聚家園。時移世易人事變，三代同堂恩怨長。
永安錫昌難再盛，鏡遠堂在祐家臨。離巢子孫皆自立，選居四海各有成。
昔日榮華今猶記，他朝歲月有誰知？

丁亥年
陳用心（蓋章）

往。後來因為抗日戰爭的關係，陳用心返回內地，前往韶關讀書，我
與她在韶關重遇，所謂再見就是一段情，感情上恢復了連繫，而自己
也不能把感情放下。在1942年左右，韶關局勢緊張，她參加了當時由
中山大學學生組織的「破路隊」，專門破壞公路，阻擋日本軍隊的進攻。

　　陳氏家族在香港經營永安盛及錫昌盛[34]兩間造船廠，行走香港與
澳門之間的「大來輪」，[35]是香港建造的第一艘輪船，便是由他們的船
廠建造。他們的親戚同時經營步陞鞋廠，鞋廠與船廠都是在深水埗。
陳用心的弟弟陳汝仁在英國修讀造船學科，後來出任香港海事處處
長，他也是首位出任該職位的中國人。[36]

第二章

大時代來臨

　　1930年代對中國人來説，是一個大時代。國民政府統治中國，但面對日軍的入侵，蔣介石卻説「攘外必先安內」，[1]這對很多中國人來説，是不可以接受的。1936年12月「西安事變」[2]後，開始第二次國共合作，[3]對抗日軍的入侵，1937年7月7日「盧溝橋事變」，觸發全面的抗日戰爭，[4]香港社會亦出現很大的變化。

反日運動

　　1937年，我14歲，日軍入侵中國，中國開始抗戰，氣氛越趨凝重。當時國民黨擔大旗，共產黨從旁協助。國內不同地方出現非常熱烈的抗日宣傳，香港亦開始掀起反日運動，抵制日貨。有些團體藉着慶祝蔣介石生日，提出大眾捐錢為他祝壽——用捐款購買戰機，稱為「購機祝壽」。[5]一些街坊舉着國民黨的旗幟在街上巡遊，樓上的居民便將捐款拋下來。街市外面的大牌坊，也搭蓋了宣傳抗日的花牌，大家都踴躍捐款以支持抗戰；反日情緒相當高漲，有些人將家裏那日本製造的玻璃瓶打碎，有些市民更把瓶子、玻璃丟到街上，表示對日本的

不滿。但另一方面，在九龍彌敦道則有大規模的巡遊反對國民黨，要捉拿蔣介石，抗議他對日本侵略軍的政策。這個時候，整個香港社會好像反轉了的！[6]

抗日戰爭開始後，許多歌詠團體舉行公開活動，以歌唱方式宣傳抗戰。有些站在大街上唱歌，有些更蓋搭臨時的戲台來演唱，有些則到學校表演，向學生宣傳。中環娛樂戲院也有宣傳抗戰的表演，電台則播放歌唱抗日的節目。那時的彌敦道，從太子道到尖沙嘴，兩旁都是大榕樹，很漂亮，歌詠團就在這些大榕樹下演唱。在彌敦道與奶路臣街交界附近的「鑪智女子中學」，[7]學校裏面有一個大廣場，歌詠團在廣場搭台演出，好威風呢！

內地的「武漢合唱團」[8]來香港宣傳抗日，顧名思義，合唱團來自武漢，是國民黨的組織。成員有博士及碩士生，更有著名歌手，他們唱「流亡三部曲」[9]——《松花江上》的「我的家在東北松花江上」、《流亡曲》的「泣別了白山黑水」。雖然歌詞是以國語演唱，但那是我人生中第一次聽到那麼美妙的歌聲。

國內戰爭開始，許多內地名人、文化人前來香港活動，何安東、[10]黃自[11]等創作抗戰歌曲，我們亦開始學習唱國語歌曲。

香港亦有很多本地劇團、歌詠團宣傳抗日。這些也被稱為「救亡團體」，比較有名的是「虹虹歌詠團」，[12]其他如童子軍、女童軍、基督教青年會、[13]香港基督教女青年會[14]等，都出動宣傳抗戰。

電影界和戲劇界也都參加宣傳抗日，其中一位是盧敦，[15]他是演藝界的老臣子；吳楚帆所唱的一曲《不堪重睹舊征袍》，[16]更是膾炙人口；當時也有不少粵劇老倌參加宣傳抗日。惟當抗日戰爭發展之時，很多居民都擔心香港形勢轉壞，紛紛返回內地，薛覺先、[17]馬師曾[18]等名伶也相繼返回內地，宣傳抗日救國。

　　這是一個大時代，好像一道大洪流，整個香港社會瀰漫着抗日情緒，社會氣氛變得很不一樣，但我並不太理解當時的局勢。共產黨一直都有在香港進行活動，組織了許多救亡團體及工會，例如海員工會、[19] 洋務工會、[20] 餘閒樂社、[21] 茶樓工人工會[22] 等。救亡團體的抗日活動對香港的學生造成很大的影響。學生則組織了「學賑會」，[23] 是當時有名的學生組織，成員基本上是左派。另一方面，市民也組織民安隊、防空救護隊等，準備抗日。

　　國難當前，很多海外華僑都回來香港參與抗日，當中不少來自南洋。其中出名的大老倌、人稱「神鞭俠」的關德興，[24] 也從美國回來。他的女兒後來在達德學院讀書，但很可惜，日後她在戰爭中不幸犧牲了。

認識何培

　　我離開家庭後，開始在外面工作，自己生活。先後在工廠當散工，做文員，在織造廠送貨，也曾在九龍倉做送信的工作。其時我一心要見識世界，什麼工作都願意做，也就是在那個時候，認識了何培先生。

　　何培是華仁同學方定邦的親戚，他是洋務工會的書記，洋務工會的前身是「餘閒樂社」。何培的父親是黃埔海軍船塢的工人；何培住在長沙灣道，可以算是我的街坊。有空的時候，我便去找他。那時我年少甚麼都不懂，只是會跟着人家走。何培讓我從另一角度看世界，讓我認識很多新事物，我也開始產生閱讀的興趣。

　　在動盪的社會氣氛中，環境出現了很大的變化，我漸漸覺得自己由於過往讀書不成，什麼都不懂，也驚覺自己已經錯失了很多時間，那時開始主動看書，讀巴金的《家》、《春》、《秋》；魯迅的《彷徨》和

《吶喊》等，逐步接觸當時社會進步思想，思索家族、社會、人生等問題。繼而自己開始有所轉變，跟着那個變化的大時代，隨着大潮流返回內地。

抗日戰爭初期，何培前往粵西，跟隨國民黨將領張炎參加抗日。張炎曾經是十九路軍裏面一位善戰的旅長，他在粵西組織「抗日先鋒隊」，簡稱「抗先隊」。十九路軍裏面很多是粵西人，但後來張炎在福建起義反對蔣介石，抗戰初期被國民黨槍斃。[25]

廣東淪陷的時候，何培返回香港，其時香港尚未淪陷，他回到洋務工會，並參與「餘閒樂社」。可以說那時候開始，共產黨便已在香港組織活動。何培也加入組織香港人返回廣東參與游擊隊的活動。

八路軍辦事處

英國政府的政策是不容許共產黨在香港活動，對國民黨的活動也存有戒心。當時，國內宣傳抗日的團隊已經來到香港，雖然這些團隊來自國民政府的系統，但實際上共產黨也開始在香港活動。[26]情況是：國民黨公開宣傳活動，共產黨的活動就在地下進行。我當時只是一名初出茅廬的年青人，什麼都不懂，也不知道共產黨與國民黨的分別。

面對風雨飄搖的時局，英國人也要考慮香港的未來，希望香港成為一個什麼樣的地方呢？其時香港社會已經起了很大的變化，可以說巨變迫在眉睫，英國人也覺得需要認真面對；他們改變了態度，容許香港社會組織救亡活動。

接着，虹虹歌詠團、香港基督教女青年會及香港基督教青年會等，都紛紛組織救亡團體，形成一個趨勢。另一方面，因為廣州淪陷，很多人由廣州前來香港。廣州的遠東、知用及培正等中學，都搬

到香港來。還記得當時一位很有名的潮州排球員石震達來了香港，很是哄動。由此可見，當時香港很受國內，尤其是廣州的影響。

終於，英國人與內地共產黨正式接觸，所以1938年，廖承志[27]可以在香港設立「八路軍辦事處」，[28]簡稱「八辦」。1938年，廣州淪陷，[29]當時惠陽及東莞已有共產黨的地方武裝勢力活動。英國人亦曾經想過可以提供一些武器、彈藥予內地的淪陷區。廖承志在香港展開活動，其中一項工作是組織「華僑回鄉服務團」[30]支援抗日戰爭。

第三章

參加抗日戰爭

　　我參加游擊隊時才16歲，那時剛離開家庭，決定不再繼續讀書，眼看日本人快要到來，大家都要逃難，人心惶惶，社會非常混亂；加上當時社會沒有多少就業機會，自己則想四處闖蕩，因此產生了回內地的想法。當時年紀輕，對時局不認識，也沒有特別的看法，可以說是跟着大勢走、跟着人群走。

　　我當時思想蒙昧，並沒有服務或貢獻國家的想法，只是適逢生活起了變化，聽說游擊隊要找成員，便跟着人家返大陸參加游擊隊。雖然那時候社會出路不多，參加游擊隊的也還是少數，但算是一條出路。當時只是憑着直覺做決定，認為那是自己要走的路。

　　很多後來發生的事情，都不是我所能預計的。在家庭破落後，我開始抬頭看世界，嘗試閱讀不同的書籍，開拓對社會的認知。其時很多知識分子由廣州來香港宣傳抗戰與愛國，令香港社會起了變化。另一方面，英國政府亦調整了禁止共產黨在香港活動的政策，容許了一些有關抗日救亡的活動在香港進行，所以共產黨在當時的香港已經有了相當的組織。共產黨人中，比較有遠見的是周恩來，他認為對香港要「長期打算、充分利用」，一直以來，我們都是沿着周恩來的這個方向，在香港搞愛國統一戰線，團結愛國的人。

參加游擊隊

抗日時，一些愛國的社團組織青年人返回內地參加游擊隊，我是通過何培的安排，於1940年參加「廣東省抗日人民游擊第五大隊」。[1]當時深圳已經被日軍佔領，我們首先在流浮山等待訊息，伺機進入深圳。流浮山對岸就是日軍佔地，其時流浮山海邊還有茅寮和罾棚。[2]我躲在一間茅寮裏，待了三數天，得到訊息後才起行。我們一行三數人，在晚上出發，帶着電筒，坐上一艘小艇，靜靜的划過后海灣到對岸，在平地上走了一陣子，便上山。領路的提醒我說：「細路（小子）！為了避開日軍，我們要在夜間走路，記住『污泥白石光水氹』這句口訣。夜晚走路時，路面是黑的、泥是污的、石就是白的、反光的是水氹，你自己要懂得避開障礙物，摔倒的話，是你自己的疏忽！」那個晚上沒有月光，走上山後，經過下梅林、上梅林，走到天亮時，碰到一位斬柴的年青客家姑娘，原來她是負責通風報信的游擊隊成員，她跟我們打過招呼後，我們便繼續向前行，日軍就在山下；走到山坳的位置，一位負責接應的「交通」人員，在山邊的茅屋接待我們，他是麥洋，他後來成為了游擊隊的團長。

游擊隊初期的名稱是「惠寶抗日游擊總隊」，[3]游擊隊組成初期曾經作了一個錯誤的決定——前往海陸豐作戰。由於該區以前是彭湃[4]的根據地，他們誤以為在革命老區，容易生存，但事實上，該地處於日軍與國民黨軍隊的交界夾縫中，是一個極度困難的位置，游擊隊一方面要應付日軍，另一方面又要對付國民黨軍隊，他們不知如何處理。後來廖承志也認為有撤離的必要，游擊隊最終是撤離了，但在撤退時出現了很大的損失。王作堯[5]的隊伍被國民黨的軍隊擊潰，他們一路躲避，最後回到深圳。游擊隊在山寮休息了兩、三天，當中包括一位腹部受傷的隊員。那是我參加游擊隊後第一次遇見王作堯；他後來成為東江縱隊的副司令。

地圖2：深圳及鄰近地區圖

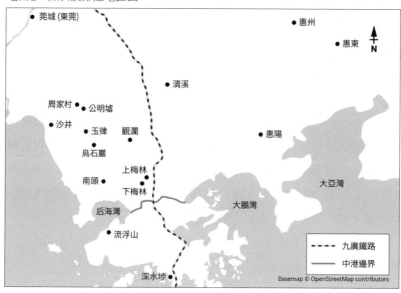

「廣東省抗日人民游擊大隊」大概是在1938、1939年組成，當時「東江縱隊」還未成立，[6] 游擊隊由兩個大隊組成：一個是曾生[7]領導的「第三大隊」，一個是王作堯領導的「第五大隊」。之前，王作堯在東莞籌組抗日隊伍，自己找槍枝，組成「模範壯丁隊」，[8] 簡稱「老模」。王作堯是正式從「燕塘軍校」[9]出身的學員，有組織武裝的經驗。曾生則是中山大學學生，本身是澳洲華僑，其部隊的骨幹主要由「華僑回鄉服務團」[10]的成員組成。

我參加游擊隊後，有一天，訊息傳來說短槍隊隊長「鬍鬚陳」會帶同兩、三位隊員前來。鬍鬚陳是東莞人，本來是一位小學教師。王作堯為他準備了一支「駁殼」手槍，鬍鬚陳拿起手槍後便開槍測試，並讚揚手槍的性能。但槍響聲引來一陣緊張，馬上有數人從山上衝下來，拔出手槍，準備開火；幸而大家馬上領會到那是試槍，才沒有造成事故。

由於我年青、身體好，初時被派到鬍鬚陳的短槍隊。那時要為自

己改一個新的名字，本來我比較喜歡「何明」這個名字，但隊中已有一位何明，於是取名「何光」，大家也就稱我為「光仔」。我後來也放棄了「兆銘」的名字，改為「銘思」，那是因為「兆銘」與汪精衛[11]的名字相同，我對他非常反感。

我在游擊隊裏的第一個畢生難忘的衝擊，莫過於第一次身處殺人的場景——游擊隊的成員帶我去觀看一個特務的處決，說讓我見識一下，這是我首次看見殺人。那位特務被捕獲後，承認自己為日本人刺探消息。三個隊員將他押往槍決的地方。負責的小隊長命令一位十多歲的年青隊員執行任務，小隊長指導年青小隊員開槍的方式與角度，如何讓子彈一擊即中心臟，一槍解決問題。

那個特務看來是三十餘歲，非常鎮定，他也不理會周邊的人，他回頭對執行職務的年青小伙子說，請他打得準一些。但小伙子開的第一槍卻是打中特務的腹部，他倒在地上，沒有死去，小伙子慌張的開了第二槍，但也只是打中他的肩膊；最後由隊長補一槍，才解決問題。

這是我人生中第一次嗅到人血的氣味、開槍後子彈火藥的氣味；子彈火藥的氣味跟爆竹火藥的氣味是很不一樣的。當時很有感觸，眼看着一位三十多歲的人一瞬間便離開了這個世界；離開前，他還沒有機會跟他的父母親道別。

我所跟隨的短槍隊隊員，都很有本領，在崎嶇起伏的山區行走，一眼便能分辨東南西北。但我這個香港來的，不諳地理，在晚上走路，不懂得以星宿位置來辨別方向，更不會用客家話來與隊友及鄉民溝通。後來我被派往「路西」，即是在觀瀾、東莞清溪及惠州一帶進行「地方工作」。所謂「地方工作」，就是與地方人士結合，宣傳抗日，目的是在地方「撒落一些種子」，壯大抗日的力量。雖然我們對局勢也掌握不多，但地方群眾對當時形勢更不理解。我們到農村時，會與村民

傾談，告訴他們日本人入侵中國的情況；遇到曾經接受過教育的人，我們便跟對方討論「人之初」等人生道理。

短槍隊在觀瀾一帶活動，那是游擊隊剛開展部署的一個地區，我們靠收稅來支持活動。[12] 有一天，鬍鬚陳帶着幾個隊員在公明墟活動，他是一個非常勇猛的人，當他知道國民黨大隊長與其隨從在茶樓飲茶後，在沒有弄清楚形勢之前，便與隊員衝上茶樓攻擊對方。但人家早有準備，結果鬍鬚陳被對方擊斃，隊員帶回來的也只是他的槍，短槍隊的隊長就這樣犧牲了。很不幸地，短槍隊的其他成員後來都在不同的戰鬥中犧牲了。

我們的游擊隊當時在烏石巖、公明墟、玉律、長鎮、周家村一帶活動。玉律有溫泉，我們偶爾也可以晚上在溫泉洗澡，那真是難得的享受。玉律附近是周家村，是一條人口比較多的村落。地理上，玉律處於深圳西部山區，離玉律東南數里路之遙，是烏石巖。從烏石巖往東走，就是惠陽；惠陽的南面沿海便是大鵬灣，跨過大鵬灣便是香港西貢。玉律的西面是沙井，從沙井北上便是東莞。從沙井坐艇，大概兩個小時便可以到達香港元朗海邊。

1941年中，太平洋戰爭前的數月，我染上瘧疾，但當地沒有醫療設施，我最初躲在玉律居民的屋裏休養，但因為我與共產黨的關係，若被發現，會連累收容我的人家，於是我獨自搬到山邊的一間寮屋休養，但這樣便與游擊隊失去了聯絡。後來我聽從當地人的勸告，返回香港醫治。我離開玉律，經過新橋前往沙井，再在沙井乘小艇，熬過風浪前往流浮山。返港後與家人重聚，便到油蔴地找葉錦華醫生診治，他讓我服食「奎寧」。[13] 過了沒多久，太平洋戰爭便爆發。

再往沙井

1941年年底，太平洋戰爭爆發，日軍轟炸香港。[14]有條件的人都離開香港，年青人都跑了，留下的人不多。走難返回大陸的人，首先前往元朗，停留一個晚上，翌日再乘船越過后海灣，在陸上走不太遠，便是寶安縣城南頭，再北上，便可以各奔前程了。

我原來打算返內地再參加游擊隊，首先要前往沙井衙邊村。我與沙井算是很有緣分，那是陳用心的家鄉，我與陳用心當時還未結婚，只是相互認識。沙井是一條大鄉，[15]有三數萬鄉民，很多是陳姓的；他們有一個傳説，説陳姓是皇姑後代，但真假就很難判定了！沙井是有名的產蠔地方，元朗流浮山的蠔民，很多都是來自沙井的陳姓鄉民。[16]沙井淪陷時，缺乏米糧，鄉民會以肥美的生蠔煮粥，都算豪華吧！

陳家在沙井擁有蠔田，也有養豬，陳用心的祖父陳樹在沙井比較有社會地位，沙井的鄉長也常到陳家聊天。到達沙井後，我住在陳家的「樹廬」，那是一間大屋。沙井當時是淪陷區，有日偽鄉村村保長的武裝力量，游擊隊則潛伏在附近跟他們對抗，不時有槍聲響起，路旁也不時發現屍體。我在沙井停留了一兩個月的時間，曾聯繫上游擊隊的隊友，但從他們口中得知有一些對我的批評聲音，我覺得那些批評不合理，是對我的誤解。於是我決定到其他地方走走，觀察外面的世界；我首先前往粵東，然後再經興寧、五華、河源，輾轉到了粵北韶關。

北上韶關

當我走到曲江時，盤川用盡，惟有把衣服賣掉，但得到的金錢只可以買到一碗白粥。徬徨之際，在街頭遇到莫廣志，他是經何培介紹而認識的朋友，我向他表示正考慮前往海南島，參加馮白駒的「海南島共產黨部隊」。[17]但他勸我不應亂竄，並解釋説世局混亂，而我在當

地無親無故，像我一樣的年青人，將來只有兩個可能的結果，一是給人拉去當壯丁，成為「豬仔兵」，又或是被人當作特務漢奸，最後被槍斃。他建議我到韶關，參加國民黨第七戰區的「政工隊」。我到了韶關之後，才知道政工隊原來是一個劇團——「鋒社」。我也從此成為「鋒社話劇團」的一員，這個機緣也改寫了我一生的命運。

　　在地理交通及戰略意義上，韶關佔據一個非常重要的位置，通過北江，韶關南連珠江三角洲，而北面，可以通過大庾嶺，經贛江、長江、大運河而至華東。1938年，日軍佔領廣州後，韶關成為廣東臨時省會，但韶關也成為日軍要攻佔的地方，其中在粵北地區進行的會戰是廣東省抗日戰爭中規模最大、戰鬥最激烈的戰役。[18]

　　我到達韶關時，大約是20歲，也就是1943年左右，我參加的是國民黨的「第十二集團軍」[19]（簡稱「十二集」），六十三軍，第七戰區政治大隊。第十二集團軍，基本上是由余漢謀[20]領導，李彥和[21]擔任政治部主任。當時粵北是屬於「第七戰區」。[22]「第七戰區政治大隊」是在余漢謀與李彥和容許之下組成的，雖然名稱是「政治大隊」，但屬於藝術團隊；後來被稱為「藝宣大隊」、「政治大隊」或簡稱「第七政大」。[23]當時大隊設下三個中隊，第一中隊是「藍白藝協」，[24]記憶中是沒有第二中隊；第三中隊是「鋒社」，我參加的是「鋒社」。[25]

　　那時韶關當地沒有多少文化活動，更不用說電影放映了，話劇團的表演算是主要的文化活動。當時話劇團的演出非常哄動，有很多觀眾。韶關市區的「復興劇場」是主要的表演地方，觀眾購票進場觀看。我們演出的大型劇目，如《天國春秋》、[26]《蛻變》，[27]都算是出色的！可以說是全國最好，足以媲美現時香港的電視節目。

　　我參加的是部隊裏的文宣工作，在那個時候，也開始學習如何推行文化工作。中國的部隊，文化比較落後，我們的工作是給他們解釋抗戰的原因，不然他們也不知道拿着槍枝在戰場作戰所為何事。

話劇《天國春秋》劇照，扮演太平軍小兵的何銘思（左）與梁勁（右），
韶關復興劇場，1942年。

鋒社演出團體照，廣州，1949–1950年。

我們年青的一群，雖然文化水平不高，但是有傻勁，就算是不太清楚局勢，都明白要跟日軍對抗，不做亡國奴，於是壯着膽走去向軍隊授課：「日本人攻打我們，我們的東三省已經淪陷了！我們現在打的是抗日戰爭！」然後，我們為他們演戲，教他們唱歌。

　　有時候，我們會到當地的學校、農村或山區演出。好些地方沒有表演舞台，我們便利用數張八仙枱，建造臨時表演舞台，在上面表演話劇。背景裝飾都是自己製作的，在沒有電燈的地方，便用大光燈照明；沒有配樂，隊員便自己學拉二胡、打秦琴或彈粵琴；一些成員更學習演唱粵曲。雖然所有設備都非常簡單，但都是自己製作，可以説是白手興家！

　　我雖然成為了鋒社話劇團的成員，但對戲劇認識並不多，而自己始終不是這方面的材料，偶爾參與演出也多是走在前面、死在前面的閒角，很多時候我負責的工作是拉幕。

　　韶關是講白話（廣府話）的地方，我們唱的歌也是白話的。然而部隊成員來自不同地方，各自講不同的方言，經過一段時間的發展後，文化活動就變得多姿多采了。後來更有潮劇團、漢劇團及粵劇團的組織；關德興也曾經前來韶關參與演出。

　　那是一個大時代，戰事將我們聚集在一起，但也因為戰事的發展，我們不斷地被分散，而後又相聚。其間，我們劇團與部隊的成員一起住在「墨江會館」。[28] 我在墨江會館認識了很多來自不同地方及背景的人，其中有不少還是香港人呢！[29]

　　墨江是北江的其中一條支流，流經韶關的還有滇江和武江。墨江會館在東河壩，會館的面積很大，我們在會館裏用竹籬搭建房間，每個房間置有木牀，可以住兩個人。在韶關，每一個團隊都有一位「伙伕」，負責煮飯。伙伕帶着一個大鑊、數個鐵塊，他可以隨時就地架起煮食設施，找一些柴草生火，用木板將大鑊蓋住便可以煮食。在鄉下地方，村裏基本上都有灶頭供大鑊煮食之用。我們吃的是「沙榖

米」，也就是説飯裏有沙有穀，很多時候，米已經發霉；平時的菜就只是幾塊蘿蔔，完全沒有吃肉的機會。我們的待遇已經算是比較好了，是屬於「尉官待遇」，比普通士兵高一個層次。在軍隊裏，士兵之上是「尉」，「尉」之上是「校」，「校」之上是「將」；士兵的待遇相對地差一些。那個時候的中國社會非常貧乏，老百姓的生活都很苦，很多人甚至不是每天可以吃到飯。

韶關的人

李門[30]是政治大隊第三中隊的隊長，也就是鋒社話劇團的負責人，他是我的領導。從1941年參從抗日戰爭開始，我便跟隨着李門，一直至1943年轉往東江縱隊而離開，後來李門在香港組織「中原劇藝社」，[31]我1946年返回香港，也參與進去。

一生從事戲劇工作的李門，本身是一名在香港受教育的「番書仔」，在香港聖若瑟書院唸書。畢業後，本打算考進香港大學就讀，後來因為抗日戰爭，轉而投考軍隊，但他卻當不成參與戰爭的士兵，反而成為了文藝兵。他在廣州演出的《黃花崗》一劇，轟動一時。[32]李門的中英文都很流利，很有才氣和性格，而且像孔夫子一樣，不會選擇學生，他無條件收容像我這樣的流浪青年。他的態度是有教無類——你來到，就接收你、教導你、培養你。[33]我很慶幸自己有機會參加鋒社，跟隨李門，他對我有很大的影響。在鋒社，我有機會跟隨一些中國有名的戲劇家和舞蹈家，如戴愛蓮、[34]吳曉邦、[35]田漢、[36]歐陽予倩[37]和趙如琳[38]等。趙如琳是廣東「藝專學校」的校長。除了學習文化活動，我更學習他們待人處世的方式。那時在韶關也有外國來的演戲導師教授演技，還記得其中一位是來自俄羅斯的，但我忘記了他的名字。

余叔韶[39]是我在韶關認識的其中一位香港人，他後來成為香港有名的大律師。在韶關時，他是我們政治大隊的副大隊長，是少校。他是一位學者，醉心英國文化，對中國文化思想也非常瞭解。他是地道的「香港仔」。余先生於香港大學畢業，中英文皆好，他身高六呎，英偉非凡。那個時候，國民黨沒有資源，平時他只穿草鞋，但當他穿起馬褲和捲筒軍靴的時候，就是英姿颯颯，使人不期然有敬佩之情。

余叔韶來自香港有名的家族，他的父親余芸，[40]是香港教育司署的高級視學官，余芸中英文都非常好，很有文采，詩作更是一流的，我很喜歡他的《牛津書齋映畫》詩：

花色紅黃綠色青，家鄉無此好林亭，燈明隔岸人歸影，月朗前村犬吠聲，故國山河驚虎踞，小林風雨聽雞鳴，短檠有意憐孤客，夜夜相陪到五更。[41]

當時香港政府的公務人員，許多都對自己的國家懷有深厚的感情，余芸是其中一個例子。

余芸有幾個兒子，長子余伯泉，本來在英國唸文科，在抗日戰爭時轉往軍校，修讀炮科。返國後在余漢謀之下，於韶關擔任一個炮兵團的團長。他後來成為臺灣三軍大學的校長，位至上將。但由於他的臺灣關係，晚年不能回來香港，家人對此有些意見，他最後在臺灣去世。余伯泉的兒子余國藩，在美國唸大學，有《西遊記》的英文翻譯著作，[42]去世時七十多歲。

當時在韶關擔任第七戰區政治部主任的李彥和中將，是法國留學生，法文與中文都很好，其時已經很有名氣。李彥和的兒子李柱銘，後來成為余叔韶的學生，在香港當了大律師。

張發奎與我們有一個錯綜複雜的關係，他是國民黨陸軍總司令[43]及廣東綏靖區主任，也曾經是國民黨七戰區及四戰區的司令官；他在

任內曾經保護了國民黨內的左派及共產黨人，也可能是這些原因，他後來沒有前往臺灣，在香港定居。

張發奎的鄉下是韶關的始興，該地曾經是一個慘烈的戰場，我們很多成員在那裏犧牲。抗日戰爭時期，我們在始興組織了由共產黨領導的「風度大隊」，[44]而張發奎的一位家庭教師更是風度大隊的成員。

張發奎分別創立了韶關的志銳中學[45]及始興的風度學校，[46]風度學校的校長由一位國民黨參謀長的太太擔任，她也是張發奎的家庭教師，但是這位家庭教師原來是共產黨員，她與部分家人帶同家中收藏的兩支大口徑機關槍及一些槍械，參加風度大隊。對張發奎來說，那當然是不可以接受的。最後，他殺了這位校長。在那個時代，國民黨與共產黨的關係，真是你中有我，我中有你；而你不可以沒有我，我的裏面卻又有你。

參加東江縱隊

1940年代初，日軍正侵佔中國及東南亞地區之時，我們部隊再次在粵北集結，目的是在韶關、南雄一帶，即是共產黨最初起家的地方，重建五嶺根據地。1943年底，東江縱隊正式成立，[47]並且擴大組織。我們鋒社是共產黨的一個地下組織，於是順理成章，離開韶關前往與東江縱隊結合。當戰爭來臨時，隊伍的成員也就散開了；有些選擇成為武裝部隊成員，有些選擇繼續做文宣工作。事實上，書生也可以成為戰士，那是磨練出來、逼出來、捱出來的！過程是慢慢鍛鍊、慢慢掌握。

1943年，我們千多人在博羅的橫河集結，結合成東江縱隊北上隊伍；橫河在紫金西鄰，離開羅浮不遠。王作堯、楊康華[48]和林鏘雲[49]成為我們的領導，林鏘雲來自珠江縱隊，[50]楊康華擔任政治部主任，部隊大本營設在羅浮山的沖虛觀。後來，部隊向橫河北面遷移，經潼

湖，再北上至五嶺。我參加了縱隊的「鐵流政工隊」，[51] 進行抗日宣傳活動。繼而隨着部隊再往粵北，準備與359旅會師，我們最後到達湖南江西一帶；但不久，日軍就投降了。[52]

湘桂撤退

1944年，南中國的日軍已經攻佔到粵北，但另一面的日軍卻在「太平洋戰爭」中失敗，[53] 日軍因而需要在中國建立一條內陸戰略通道，築一條由華中經廣西而至湛江的鐵路。日軍發動攻勢，雖然他們只有數萬人，但國民黨軍隊就是抵擋不了，結果韶關、贛、湘、桂等地相繼失守，守軍要大撤退，當時稱之為「湘桂大撤退」。[54] 大撤退造成很多人死亡，湘桂道路兩旁都是逃亡的人潮，人們扶老攜幼，當中不少是婦孺，死在路旁的更加不計其數。

在這段期間，共產黨的力量並沒有受到很大的影響。當時共產黨派王震[55]和王首道[56]率領部隊，南下建立根據地；他們的部隊被稱為「兩王部隊」。王震也被稱為「軍頭」；王首道後來進兵西北，部隊最後留駐，建立新疆建設兵團，推動移民工作，建設新疆。

我們在粵北挺進迎接兩王部隊時，認識了劉黑仔；[57]他原名劉錦進，是一位傳奇人物。之前，劉黑仔是香港西貢游擊隊的活躍成員。他非常驍勇善戰，懂得捕捉戰機，有很好的戰鬥心態。劉黑仔的部隊人數不多，通常是六、七個人一組到外面活動。有一次劉黑仔與數名隊員到始興墟裏的一家茶樓飲茶，茶樓內顧客眾多，他沒有察覺當中有一連國民黨的大部隊。初時劉黑仔只管喝自己的茶，但後來他開槍打傷對方的人，而自己也中槍受傷。雖然他受了傷，血流如注，但還是成功逃離現場。然而因腿上有傷，沒多久他便走不動，於是索性躺在路邊的樹叢裏。他有豐富的戰鬥經驗，也懂得人的心理；在那個環境，他估計沒有人會理會一個躺在路邊的人，於是他倒在樹叢裏，將

西南八省文藝兵聚集，廣西桂林，1944年初。

戴着手錶的手伸到路旁，結果一名路過的鄉下人想除下他的手錶，他馬上用槍指着對方，命令將他送回部隊。雖然順利回到了部隊，可惜最後劉黑仔也因為傷重而犧牲了。

日軍投降

1945年，日軍投降，王震的部隊要撤回中原，到武漢附近與李先念[58]的部隊會合，但他們的部隊卻被國民黨的軍隊重重包圍，戰況激烈，他們最後突圍返回延安；這就是後來説的「中原突圍」。[59]

抗日戰爭勝利，韶關的共產黨要撤退，這包括在戰區劇隊裏的成員。抗日戰爭初期，周恩來與田漢在軍隊裏面組織劇隊，田漢是國民黨文化廳的廳長，周恩來是國民黨軍事委員會文化部的副主任，主任則由陳誠[60]出任。當時，軍隊組織內共有九個戲劇隊。

1946年，「劇七」撤到廣州，同時撤回廣州的還有昆明的演劇第五隊(簡稱「劇五」)。劇五是張發奎下面的一隊，領隊團長是鄭達。

國民黨要清理共產黨人，在張發奎管轄下，國民黨十三太保[61]政治部的負責人黃珍吾[62]主持政治審查，他將劇五隊和七隊的成員召集在一起，他說：「你們哪些參加了共產黨的，有什麼關係的，都要好好交代，否則會對你們採取行動！」當時共產黨的組織深藏隱蔽，在那個情況下決定撤退，成員跟張發奎申請正式退休或轉業，但黃珍吾並不同意，最後還是張發奎下的決定，批准他們的申請。[63]

後來，根據劇五隊負責人的回憶，臨別時，張發奎還是有依依不捨之情。所以在那個大時代裏面，有些事情是無可奈何的。張發奎的包庇容忍態度，保留了一批左派及一批共產黨人。結果是兩個劇隊的成員都可以平安離開，有部分疏散到香港，他們後來與饒彰風聯繫，組成「中國歌舞劇藝社」，由鄭達領隊，到南洋演出。[64]

而隨東江縱隊北上的部隊，有部分成員後來留在粵桂湘山區。當時我在「魯迅文藝宣傳隊」，[65]跟隨李門，從博羅北上，前往南雄。之後，李門等一批成員返回香港；韋丘[66]及他的太太李昭[67]等人則隨東縱大隊前往山東煙台，我及一部分人則留在粵北。這時，鋒社成員便分散在三個不同的地方。

李門妹妹李昭（左）與李門太太老莊（右）合照，韶關，1942。

　　基本上李門是繼續搞文宣工作，他後來在香港組織「中原劇藝社」，辦香港《華商報》。[68] 解放後，返回廣州，組織「華南文工團」，[69] 有成員數百人。李門在廣州擔任華南文工團政委、劇協主席，職位相當於今天廣州的文化局局長、副局長。他的一生，基本上都是貢獻在文化工作上。

　　日本人投降後，到底中國應該何去何從呢？民主運動也開始很熱鬧，民主黨派開始冒起，當中有「中國民主同盟」[70]（簡稱「民盟」）及國民黨的一些左派。那時有一個全中國「政治協商會議」（簡稱「政協會議」），蔣介石答應召開政協會議，[71] 他與毛澤東在重慶見面，決定國共合作，停止武裝鬥爭，爭取民意；也同時提出「新民主主義革命」。[72] 這一時期，稱為「和平民主新階段」。[73] 此時，有城市關係的成員都要回到城市。我們來自香港的一批，便返回香港，我也就在達德學院讀書，也同時參加「中原劇藝社」，劇藝社設於西環的漢華中學內，但所處的建築物也比較破舊。那個時候有一個隱憂，就是國共關係日趨緊張。

達德歲月

　　1946年，國民黨自信可以控制大局，認為擁有五百萬軍隊及精良的武器，可以在三個月內消滅共產黨，不惜撕毀舊政協的和平協議，內戰也就跟着全面爆發。全國各地的民主黨派及愛國人士開始受到迫害，一部分人士惟有轉移到香港。共產黨與民主黨派合作創立達德學院，[74] 李濟深[75] 擔任學院董事會主席一職，校園設於蔡廷鍇[76] 在青山的芳園瀧江別墅。[77] 達德學院的成立，凝聚了大批知名教授與學者。[78]

　　《達德歲月》一書有一段有關校舍的描述：「達德學院校本部『芳園』坐落在香港新界新墟青山腳下……周圍綠樹環繞，朝前眺望是美麗的青山灣和遼闊的大海，當夕陽西下，還能聽到遠處傳來青山禪院

達德學院，1949年。《達德歲月：香港達德學院紀念集》圖片

悠揚的晚鐘聲。寧靜幽雅、風光秀麗的自然環境正是學子們勤奮攻讀的好地方。」[79]經香港政府教育司的批准，達德學院於1946年9月創立，但在1949年2月香港政府將之關閉。[80]

我在達德學院讀書時，文哲系的老師是黃藥眠；[81]周鋼明[82]及司馬文森[83]都曾經是我的老師，但司馬文森在文革時自殺去世。我在一篇1996年發表的文章中描述了我們當年讀書的情況：「記得黃藥眠老師就曾在容龍別墅與我們三幾個同學喝下午茶，斜陽下，遠眺流水，心懷國事，神馳萬里，從文藝概論暢談天下事，師生情誼歷歷在目。那時的生活充實而又多姿多采，校園不僅僅可以聽到老師們充滿遠見、智慧的教誨，同學們無拘無束的討論，在田野上時常飄蕩充滿激情的歌聲……」[84]

達德學院的學生來自不同背景，譬如我的一位同學莫二球，樣貌英俊，我們稱他為「莫公子」。他來自英德小北江一個名叫洺洸的地方。他父親莫雄曾經是南雄縣縣長及縱隊司令，解放後，出任北江治安委員

會主任，亦為廣東省政協委員。[85]1949年後莫二球前往韶關參加工作，但後來卻莫名其妙地被誣陷謀殺領導的罪名，也就委屈一生。

徬徨的年代

從辛亥革命開始，中國內部便有很多矛盾，曾經有很多尖銳的鬥爭。在那個大時代裏，中國到底要作什麼選擇呢？如何從那個混亂的環境中走出來呢？大家也一直在尋找學習的對象。中國曾經派了許多人去俄國、日本、美國及德國等地學習。以廣東為例，蔣介石及陳濟棠都曾派人前往俄國考察，[86]蔣介石也讓他的兒子到蘇聯留學。那個時候，大家都希望中國強大、獨立，希望中國人可以翻身。但我們的一代所經歷的是一個很徬徨的時代；當時的張發奎、余漢謀、陳濟棠[87]及蔣介石等人，都感覺到徬徨。

陳獨秀[88]是共產黨的創始人，出任書記，但他選擇退出共產黨；雖然國民黨將他的兩個兒子槍斃了，他卻不願意重返共產黨，也拒絕了國民黨的招手。對陳獨秀來說，他應何去何從呢？為何他出任了共產黨的總書記後，又要退出來呢？

後來黃埔軍校所出現的矛盾，[89]便是與俄國共產黨思維上的矛盾。我認為，中國只跟着俄國的方向走是不可行的。毛澤東按照俄國的經驗，以階級鬥爭為綱，進行階級鬥爭，今天回頭看，都是很有問題的。中國社會不斷在變化，什麼是共產主義呢？現在的俄國也不算是共產主義。當時大家都不清楚共產主義是什麼？以為土豆加牛肉就是共產主義。什麼是社會主義、共產主義？一直都沒有一個清晰的説法。中國人民歡喜的是社會主義、共產主義嗎？不是，他們要的是發展生產，要依法治國。共產黨強調黨有黨規，國有國法；黨的規矩是什麼？簡單來說，就是黨員應該為國家服務。

大時代中的選擇

那是一個大時代，逼着我們去做選擇，當時的中國人，都要做一個決定；無論你同意還是不同意，都始終要作一個決定。最根本的、擺脫不了的，我們是中國人、是華人，就算是幾代之後回頭看，我依然是一個華人，我們都受着中華文化、倫理的影響。其實，當時的中國已經給了我們一個選擇。我們這一群人不願意做漢奸，如果跟隨汪精衛，走他的路，那是一件羞恥的事，一生都會感到羞恥、整個家族都會蒙羞。所以，我們只可以選擇跟隨國民黨還是共產黨。

在大時代的洪流裏，我在大陸先後參加了共產黨及國民黨的部隊。從香港流浮山跑過去寶安，參加的是東江縱隊前身的游擊隊，那是共產黨的，王作堯的部隊。後來在韶關參加的，是國民黨的部隊。但在國民黨部隊當中，有共產黨的活動。所以即使我是在國民黨的部隊裏面，與共產黨的關係依然是一條條的串連起來。

很自然地，我會將兩個部隊作出比較，共產黨的部隊如何？國民黨的部隊又如何？在我的經驗裏，共產黨的部隊是敢於與日軍對抗的，國民黨軍隊就真的不像樣，爬山時連鞋也沒有，大家的腳都傷痕累累，如何去搶佔山頭呢？那些軍官就長年做走私生意，還要命令士兵搬運走私貨物，一些身體虛弱的，便被拉下來，開槍打死。其時，國民黨的軍隊老是拉農民當兵，稱之為「壯丁」，為了防範他們逃走，壯丁在營房休息時都會被繩索綑綁，而每天總有幾個被凍僵或是餓死的。屍體就如柴一樣，被拖出營房，所以有「拉柴」這個名詞。逃走而被捉回來的壯丁，會被剃去一邊眼眉，若果捉回來的是沒有一邊眼眉的，就會被拉去槍斃，因為他們是逃兵啊！

我們曾經歷那樣的一個時代，今天可以坐在這裏，我有些莫名其妙的感觸——我是那種愚鈍而沒有多少知識的人，現在可以坐在這裏，我好感恩啊！

地圖 3： 韶關及鄰近地區圖

第四章

第三次返回大陸

　　1946年，我返回香港，進入達德學院讀書。不久國共之間再度展開武裝鬥爭。共產黨要在粵北重新建立武裝，因為我是游擊隊出身，對山區有認識，因此被動員回去。於是，我在1947年年底放棄學業，返回內地，北上參加軍隊。算起來，我在達德學院唸書不到一年便離開了，是屬於最早離開的一批學生。

　　那時我們大約20人，帶着兩支「駁殼」(槍)，偷了英國軍隊幾支衝鋒槍，便從香港出發前往韶關，走路經過紫金、河源、新豐[1]然後到達九連山，一共走了個多月，以那時的標準，路程並不算太遙遠。雖然我們沒有地圖，但大概都知道路的方向，沿途詢問，不難找到路徑。共產黨的組織非常嚴密，各個地方都有接應的聯絡地點，稱為「交通站」；找到負責「交通」的人員，他們便會為來者安排食物，然後告訴你下一個交通站的地點及聯絡方法。至於沿途的補給，就是依靠從國民黨糧倉搶奪回來的食物。當時主要的糧食是番薯乾，那是將番薯剝開曬乾而成，一顆一顆的，很難入口，今天在香港超市出售的番薯乾 (零食) 好吃得多了。在那個民族意識高張的大時代，透過抗日戰爭的磨練，培養了大家建設新中國的期望，懷着這些觀念，我們欣然投身戰場。雖然一路上都是辛苦的，但大家都沒有放棄。

行軍作戰

1947年，全國各地的武裝衝突漸趨激烈，新豐、連平、和平、河源、英德、翁源等地都組織建立武裝，東北江沿岸的武裝，可以説是星羅棋佈。我們到達粵、贛、湘地區時，發覺當地的戰況十分激烈，本來我們是要前往五嶺南雄的根據地，但緊張的戰事讓我們去不了。我們於是留在新豐、河源一帶，參加當地由龍景山和鄭大東領導的「北江人民自衛總隊」，[2]鄭大東原來是東縱隊的一位小隊長，到了那裏之後，我擔任武裝工作隊(簡稱「武工隊」)的指導員。武工隊是一個細小的作戰單位，有成員六至七人，主要是深入敵方作戰及搜集情報。

當時部隊的營長曾熾輝，很有作戰能力，而且熟悉戰爭規律，知道如何行軍遣將；他原來是「何通大隊」[3]的小隊長。我不懂得打仗，知道不能依靠自己，於是全程都是跟着他。我們和國民黨交戰時，還俘獲了國民黨的三位縣長。

有一次，我們部隊數十人躲在新豐江一個山林地區休息。該地名黃猿卵，在畔江附近，那裏山高林密，是一個只聞槍聲，不見人蹤的地方，我們的糧食則依靠附近村民供應。然而我們後來還是被國民黨的人員發現，並且被包圍。曾熾輝知道情況後便立即「撲海」跳到江裏，急速的游到對岸，不久划了一艘小船回來，讓我們乘船渡江，逃避狙擊。我們在對面河岸登陸後，用槍抵擋敵軍，直至槍彈耗盡為止，幸好我們都沒有傷亡。

國民黨的「第一百軍」非常勇猛，他們將我們南雄的基地包圍起來，最後我們更被擊散，轉而在南雄潛伏。於是，我在植楨中學教書，雖然我的英語水平很差，但還是要負責教授英語；有些部隊成員有很好的英語水平，他們願意指導我，由於我曾在喇沙書院唸過兩年書，也可以勉強應付教授學生ABCD。一些同僚取笑我：「早上教你英文，下午你便可以教授學生了。」

共產黨在南雄有深厚的群眾基礎，當地人也願意掩護我們。當地一條劉姓的承慶鄉，鄉長和保長都是共產黨員；珠璣鄉有共產黨的「共青團」[4]和「三民主義青年團」，[5]而「三民主義青年團」的書記也是共產黨員，該團在南雄和仁化一帶有很好的網絡，這對我們的活動很有幫助。腐敗是真的會令人民離心離德的，在兩三年間，我們在各地零星的地方武裝力量，便聚合成為一支具有戰鬥力的隊伍。

當我們的勢力在粵北地區成形後，便成立「粵贛湘邊縱隊」。[6]東江縱隊的尹林平[7]任司令員兼政治委員，梁威林[8]任副政治委員，繼而將分散各地的力量集中，成為「主力團」；通常一個主力團有成員1,000至1,500人。我後來被調往主力第六團，團長是王彪，[9]政委是陳可夫。[10]我所在的「第三營」，是由地方連隊組織而成，[11]成員都是新豐、連平、河源一帶的子弟兵。

後來的河源一役，國民黨軍隊兵敗如山倒，我們跟對方只打了一個晚上，便把問題解決了；跟着的博羅縣一役，我們只是投下數枚炮彈，他們便投降了。

當時的軍隊組織實行「三三制」，也就是說一個軍下面有三個師，一個師下面有三個團，一個團下面有三個營，一個營下面有三個連，連之下有三個排，排之下有三個班，一個排大概有30至40人。有些連裏面有「加強排」，也即是有四個排，這樣的一個連便會有約150名成員。

部隊裏面的指揮員，也即是司令官，掌最高決策。但在共產黨軍隊中，除了司令官之外，還設一名政治委員（簡稱「政委」）。司令官的決策和作戰安排，都必須獲得政委的同意，才可以執行。從組織架構上來說，兩者的位置是平等的。「營」的政治委員則稱為「教導員」，「連」的政治委員稱為「指導員」。作戰的時候，無論是教導員還是指導員，都要身先士卒，衝鋒陷陣，與司令官（營長或連長）一起指揮

作戰。司令官除了指揮作戰外，還要負責槍枝、彈藥及物資供應等問題。顧名思義，政治委員是負責政治的，因為共產黨強調「政治」，要由黨指揮槍，所以設有政委的位置。所謂政治管理，簡單來說，就是什麼都要管，管思想、學習、生活、作戰及文化功課，因為很多士兵是農民，而且是文盲，所以要教導他們文字及常識。

行軍作戰的時候，我們只會攜帶簡單的行李，主要是一支槍。洗澡就是簡單的在河邊將水往身上潑；在客家鄉村地方作戰時，可以借用他們家裏的小「浴室」，通常浴室地上有一片石頭，我們便可以坐在石頭上洗澡，這樣可以消除疲勞，在那時是不可多得的好享受。行軍時，我們都沒有替換的衣服，在有水源的地方，便把衣服脫下清洗，然後放在小樹叢上曬乾，一旦遇到有敵人來襲的消息，便要馬上拿着衣服逃跑。

軍旅生活條件固然差，醫療藥物或設施更是欠缺。當時主要的消毒劑是雙氧水及「雷法雷爾」；[12]雷法雷爾是藥丸形狀的，用水稀釋使用。但基本上，我們都沒有這些物資，受傷時，只用消毒鹽水清洗傷口，不過鹽水消毒的效果不太好，曾經有一位肩膀受傷的同僚，傷口不算很大，但在一星期後便因受感染而去世。

很多時候，手腳皮膚會長「癩」。「癩」是細小的瘡，裏面有黃色的膿，是發炎的症狀，醫治的方法是用「硫磺膏」往「癩」上面擦，將之擦破，然後清理膿腫，再讓傷口慢慢痊癒。

廣州市公安總隊

1949年廣州解放，大軍南下，主力部隊由陳賡[13]率領，地方部隊則負責掃蕩外圍，我們的營從新豐前往廣州，成員500多人，都是客家人，是來自河源、翁源及新豐的子弟兵。一般來說，一個營約有

何銘思於廣州解放時留影，廣州海潼，1950年。

廣州解放時留影(後排左起：曾姓副教導員、新豐縣縣委書記張平、營長曾熾輝；前排為何銘思)，廣州海潼，1950年。

300至500人不等，因為我們的營中有炮連、重機連、衝鋒機排和炮排等，所以人數比較多。我們的槍械來自投降的軍隊。到了廣州後，我們被編進廣東省的「公安十九師」，後來成為「廣州市公安總隊」，[14] 也就是現在說的「公安廳」或「公安局」。我們也就成為廣州市的第一代公安，負責廣州市的防盜防匪工作。我是公安總隊其中一個營的教導員，我的營在河南海潼芳村部署，管轄範圍包括河南區，以及黃埔一帶。初時營長曾熾輝尚未到職，我便成為代理營長兼教導員。廣州市公安總隊的政委是何明，他是四川人，是曾經歷數次「過草地」[15] 的老紅軍。我們進入廣州的時候，可說是意氣風發的。[16]

1951年，我在香港結婚返回廣州之後，便被安排離開部隊，調往「華南分局」[17] 的統戰部工作，我相信那是因為我的香港背景。「華南分局」是共產黨在廣東、廣西兩地的最高主管機關，管轄範圍包括香港與澳門，當時華南分局統戰部的部長由葉劍英[18] 兼任。

抗美援朝

1950年，廣東已經做好了解放臺灣的部署，由粟裕[19] 負責組織，據說渡海作戰的部署都安排好了，但適逢其時朝鮮戰爭爆發，1950年6月，美國的第七艦隊封鎖了臺灣海峽，我們便要面對「抗美援朝」[20] 這個大問題。

那時候的中國部隊，作戰經驗豐富，經歷八年抗日戰爭，以及三、四年的內戰，是一支久經戰練、戰鬥力很強的部隊。這支部隊的組成，並不單是共產黨員的嫡系部隊，還有許多國民黨的軍隊成員，包括新一軍、新六軍、新七軍等，全部都是有豐富戰鬥經驗的老部隊。雖然美軍也有第二次世界大戰的作戰經歷，但戰爭是在我們的土地上進行，我們的部隊在經驗及環境掌握上佔有優勢，所以能夠把美軍打退到海邊。

　　然而，我們在朝鮮戰爭中的犧牲是龐大的，逾20萬人在抗美援朝這場戰爭中犧牲了！在瀋陽有一個抗美援朝的紀念碑，上面刻有犧牲者的名字，但沒有名字的還有很多呢！不管怎樣，抗美援朝一役，打出中國的國威，打出了中國人民的自信。

　　攻打朝鮮的是聯合國的部隊，來自包括英國、土耳其等16個不同的國家，[21]總而言之，是什麼國家都有，領導這場戰爭的美國，是一個那麼大、那麼有地位、那麼有勢力的國家！雖然英國及法國在第二次世界大戰中元氣大傷，但領軍的美國是一個閃亮、發光的國家。結果這場戰爭打到「三八線」[22]便停了下來。正如李奇微（Matthew B. Ridgway）所言，對美國來說，那是一場在不適當的地點進行的不適當戰爭。[23]美國在南北戰爭後，參與的每一場戰爭都得到勝利，但這場戰爭卻過不了三八線。美國從來沒有打過這麼烏龍的戰爭，這個結果令美國人很傷心。另一方面，許多人都認為中國在這場戰爭中會敗下陣來，蔣介石曾經有過幻想，認為可以藉此機會反攻大陸。然而朝鮮一役卻讓毛澤東充滿自信，認為沒什麼是做不到的。

　　雖然我們打了勝仗，但戰爭是非常殘酷的，戰爭猶如一個攪拌機，將人逼到死胡同裏，很多下級軍官、士兵，還沒有走上戰場便已經走完人生的路。他們有凍死的、病死的、餓死的，還有是給打死的；能夠被打死，還算是幸運！

　　抗美援朝的勝利，令中國人吐氣揚眉。我們的近代史，是屈辱與被歧視的歷史，我們被視為次等民族，是「東亞病夫」。我們的東三省被俄日佔領，青島是德國的，上海是美、日、英的，廈門和香港是英國的，廣州灣及雲南是法國的。八國聯軍入京、火燒圓明園、廣州沙面越南僱傭兵開槍射殺中國人，[24]以及香港印度人凌辱華人婦孺等事件，自己都有深刻的體會。那時候，大家都希望我們中國人能夠站起來，讓別人以平等的態度對待我們；抗美援朝的勝利，為大家帶來了自信，而共產黨也以為自己無所不能。

清匪反霸

在那個時候，共產黨覺得自己在這麼困難的情況下仍然可以抵抗美國軍隊，頓然信心百倍，認為什麼都可以做，於是想法陡然一變，要急速發展生產，搞大煉鋼鐵、[25]高產糧食，推行大躍進。[26]這個大躍進真的是要命的！但共產黨要推行的運動不止於此，還有鎮壓反革命、[27]清匪反霸[28]及反地方主義[29]等運動，這些運動一波接一波，讓很多人丟了生命。

大躍進、大煉鋼、吃飯不用錢啊！一畝田可以產出十多萬斤糧食，人民公社就可以上天梯！這些運動和口號說來動聽，說可以為人民帶來幸福。但實際上，生產的安排都是完全違背現實條件，結果是大躍進變成了大饑荒。在該段時間，毛澤東同時開始推行土改，[30]為了創造了一個沒有人會反對他的形勢，在那場土改大戰之前，他提出：「千萬不能忘記『階級鬥爭』」，藉此進行了一輪鎮壓。

在土改、抗美援朝、清匪反霸、鎮壓反革命的一段時期裏，毛澤東批評廣東進行的是「和平土改」，鎮壓進行得不夠徹底。另一方面，認為順德還有一批國民黨勢力蠢蠢欲動，因而要進行反擊，大殺一批。在清匪反霸時，單在樂從一個區，一下子便殺了數十人。當時順德的縣長是鄭群，[31]他後來出任統戰部部長；之前，鄭群是我們一個部隊的負責人。

我被調往統戰部的時候，還很年青，但卻備受重用，這是我一直以來都覺得奇怪的地方。那時候，我作為華南分局統戰部的人員，要安排一支由數十名國民黨軍官組成的隊伍，前往順德參加土改。土改可以說是一個大勢，他們到順德參加土改，稱為「過土改關」，[32]意思是讓大家見識實際情況，而過了這個關，就可以變成為社會主義的人。

這些國民黨的軍官都曾經身經百戰，有些更是少將、中將，他們在南方大學[33]受訓，當時南方大學的校長是杜國庠。[34]我的工作是帶

他們前往順德，讓他們「見識學習」。與我們一起去的其中一位是李漢沖，[35] 他曾入讀國民黨的陸軍大學，是張發奎所重用的將領，位至參謀處處長。解放前夕，他在閩西（福建西部）起義。過去，閩西一帶都是受共產黨影響比較深的地方。

這批軍官裏面，有些是很兇狠的，其中一個例子是陳一林。[36] 1948、1949年間，國民黨敗退前夕，一些過去曾與共產黨有關係的軍隊都冒了出來。當時陳一林領導保安第十團，準備在粵西湛江遂溪起義，國民黨知道陳一林有離開的意圖，便派了一個軍長，領着兩排軍人前往遂溪，準備將他鎮壓。

陳一林獲知這個消息後，便與他的團幹部在茶樓開會討論，他說：「我們現在沒有其他選擇，一定要走到共產黨那邊。」其中一個營長回應說要回部隊跟主管軍官商量，陳一林就讓他去，但當對方走下樓梯時，陳馬上開槍把對方打死。陳一林也以相同的方式對付上級派來的部隊和主管；他以「燒爆竹」方式歡迎他們，當部隊乘車到來時，他的同僚便用機關槍將他們全部射殺，一個不剩！那時候的社會，就是那麼的殘忍，鬥爭就是那麼的殘酷！

國共鬥爭就是那麼尖銳與無情，那些不願意被捉去槍斃的人，惟有起義！對他們來說，沒有別的選擇。這班軍官所面對的情境，就像是亂石崩雲，巨浪打在石上，[37] 他們只是不斷地在巨浪中翻轉，也不清楚自己的處境。

到了順德樂從後，我們一行人分成幾組活動。我跟隨的一組住在水藤，隔河對岸是龍江，再往南一點便是甘竹灘。那時候說要對付反革命，就是將那些被認為是「惡霸」、「地主惡霸」或是「反革命」的人殺了。有些鄉下人可以說是很糊塗的，竟然說自己有槍；這樣，也就被拉去槍斃了。在水藤一地，一些來自北方的部隊老兵，就殺死了十多人。樂從一行，總共殺了五十多人，過程是血腥的！視人命如草芥！

那時候我剛出道，雖然説在部隊裏受到器重，但與這些有豐富閱歷但命途曲折的人相比，無論是待人處世，還是在戰鬥經驗方面，真的可以説我是什麼都不懂的！

不一樣的廣東

作為廣東的領導，葉劍英的想法跟中央的很不一樣。他認為華南地方有其獨特的歷史背景，沿海地區有移民外地的歷史傳統，不少居民的親友是華僑或港澳同胞。他們當中很多縱然不是地主，卻硬是被當作地主看待，被批鬥，那是不對的。

過去廣東的粵軍，[38] 很多都曾經在不同地方跟共產黨合作。例如帶領「保安十三團」的曾天節，[39] 他是團長，部隊有優良的配備，每一個連有多支輕機槍，排長有卡賓槍，班長有衝鋒槍。我們在河源大人嶺一役，與他的部隊對峙，如果保安十三團當時認真地跟我們戰鬥的話，估計當時我們要犧牲很多成員。要直至他的團起義後，我們才知道他們跟我方是早有聯繫的。

另一位是在廣東頗有名氣的莫雄，[40] 他是老資格，廣東的老軍人都稱他為「莫大哥」。粵軍時代，莫雄擔任宋子文[41]税警總團的團長，他曾是軍中旅長，後來在土地革命時期，出任南雄縣縣長，又曾是北江「挺進第二縱隊」（簡稱「挺二縱隊」）的司令。小北江一帶有很多土匪，但土匪都稱他為「莫大哥」，他有「小北江皇帝」的稱號。後來他的部隊很多成員轉投到我們的一方。解放後，莫雄就跟隨着我們，但在土改時莫雄差點兒被槍斃了。

那時候統戰部其中一項工作，就是要保護人，因為地方社會動輒就行動，捉人、將人拉回鄉下槍斃，全不考慮什麼歷史因素，以及華僑、港澳與海外等關係。當時統戰部之下的「城鄉聯絡處」，便是要保

護那些重要的人，於是城鄉聯絡處就成為一個緩衝；這樣的設置，實際上是與中央的政策有所牴觸的。

周恩來原來的政策，是要請人回國參加建設，但這卻被説成是「地方主義」，是包庇地主、惡霸，進行「和平土改」。後來在廣東發起的反地方主義，牽連了很多人，不管是黨外還是黨內的、有沒有名氣的，很多都被搞垮了。例如黨內的古大存，是老紅軍；海南縱隊的司令員馮白駒；當過副省長的林鏘雲等。廣東地方被弄得非常悽慘，很多地方幹部被搞得很苦，也有很多人死於非命。廣東本來是由葉劍英主理，他是華南分局的書記，廣東與廣西都在他管轄之下，葉劍英甚至被稱為「南天王」，縱然他是毛澤東的好拍檔，但在1953年便被調回北京去。[42]

葉劍英堅持廣東的特點，但北京認為那是錯的，毛澤東有不同的看法，他把葉劍英調回北京，再先後把陶鑄[43]和趙紫陽[44]調過來，他們也便在廣東幹了數年。但接着如廣東省省委書記方方[45]等的地方幹部，也陸續被調回北京。由於地理位置及歷史因素，廣東與港澳及海外社會有很多連繫，對一些新手來説，他們並不是那麼容易明白掌握的。但總的來説，相對於北京，廣東有比較寬鬆、開放的環境，有自己的政策，例如華僑政策，而且當時廣州還在蓋華僑大廈呢！

形勢逆轉

1949年中華人民共和國成立，至1957年反右的一個時段，中國起了很大的變化。本來是説將有新政協會議，民主黨派會參加新成立的人民政府。當時我們説的中國，不是資本主義太多，而是資本主義太少──不但工廠不多，而根本就是一個農業社會；中國需要的是多一點資本主義。[46]

　　新中國成立不久，便在抗美援朝取得勝利。在人民擁抱之下，毛澤東開始改變政策，急於躍進，不理會實際社會發展情況，堅持改變經濟體制，拒絕市場經濟，實行計劃經濟。跟着進行公私合營，開展大躍進、文化大革命，實際上改變了經濟生產關係，改變了勞資關係。隨着這些改變，國際關係方面最初是反美，之後是反蘇，繼而閉關鎖國，斷絕社會與外面的來往，不論是港澳、外國，都不可以接觸。不論任何人與外面發生什麼關係，都會馬上被認為有「問題」。

　　1957年，社會上湧現很多意見，毛澤東提出要「正確處理人民內部矛盾」，[47] 認定所謂的矛盾，是人民內部的矛盾，不是敵我矛盾；更提出「百花齊放，百家爭鳴」，鼓勵大家提意見，強調「言者無罪，聞者足戒」；而那些不提意見的人，便被說成是保守。但緊接是「反右」出台，那些曾經積極提意見的，都變成為「右派」。事實上，多年來，很多對共產黨提意見的人，都是很有誠意的，但在反右運動中，民主黨派人士紛紛中箭下馬，於是大家都不敢說話，怕被說成是右派、意圖進行資本主義復辟。[48]

　　1958年至1960年間的大躍進、大煉鋼及人民公社化運動，以集體化及高指標政策急速提高農業及工業生產。事實上，在提高農業生產方面，根本完全不理會自然生產條件而失敗告終。而為了煉鋼，收集了許多鐵器，連燒飯的鑊都要打破，還砍伐了許多樹木，但結果是沒有煉出什麼東西來！

　　雖然有說大躍進之後的「三年大饑荒」是天災，但實際上是因為「人民公社」鼓吹吃飯不用錢，於是大家都去吃，把存糧吃光。你說要進行「共產」，把我家的雞和牛都變成是集體的，我倒不如把牠們全部都宰了，結果就是大家把生產工具也都全部吃掉，然後瞎着眼喊：「人有多大的膽，地有多大的產！」、「一畝田可以有十多萬斤產量！」、「食飯不用錢！」等各樣口號。所以經過一連串運動之後，因為不按生產規律而導致的惡果，將中國置於一個饑饉及混亂的環境裏。

1962年，北京有一個「七千人大會」，[49]批評大躍進及大煉鋼，毛澤東認為那些都是針對他的批評，是右派的行動、資產階級的反攻，並將之定性為「修正主義」。[50]當時周恩來也受到批評，毛澤東說周恩來像小腳，走起路來，跟右派只是五十步與一百步的分別；後來周恩來也差不多被劃成為右派。

毛澤東漸漸覺得很多農村的地方機關有問題，便派工作隊下去整頓。當劉少奇批評工作隊時，他自己馬上變成了「問題」，成為學生整肅的對象。當時中國陷入一個以階級鬥爭為綱的年代，而當覺得廣大的年青人不受控制時，便推出「上山下鄉」運動，將成千上萬的學生送去農村，把農村說成是他們的廣闊天地。還有張鐵生事件，[51]考試交白卷的學生，還可以當幹部。

為什麼要年青人上山下鄉呢？實在的原因是這群年青人沒有工作機會，要他們下鄉，不是真的要他們建設中國，到那個所謂的「新天地」學習，試問他們跟農民可以學些什麼呢？這些都只是團體組織與策略安排，只是當時毛澤東有很高的威望，大家都信服他，按照他的說話去做，結果為中國社會帶來了很多後遺症。[52]

香港與內地的關係，1948–1957

1948年，廖承志擔任新華通訊社的總社長；那時中共中央設在河北西柏坡，[53]並已經出現全國取得勝利的局面。五一前夕，廖承志發了一個非常幽默的電報到中央，說道：「五一臨近，我們有什麼屁要放呢？」[54]這一封電報發揮了很大的作用，當時毛澤東正準備辦新政協，他便修改了新政協所採用的口號，將「共產黨萬歲」改為「全國人民團結萬歲」。這些團結的口號也被發佈到香港，而且產生了作用，動員了大家前往北京，參加新政協、成立新中國。那時身在香港的郭沫若、[55]李濟深、蔡廷鍇等不同背景的人士都一致擁護五一決議，[56]

前往北京。1949年中華人民共和國成立,李濟深、張瀾、[57]何香凝[58]等人,有些擔任全國人大常委會副委員長,有些擔任副總理,或成為各個部門的領導,當時香港人在國務院內佔有相當大的比例。

廖承志是廖仲愷的兒子。廖仲愷[59]原籍惠州,留學日本,1892年開始跟隨孫中山先生,負責籌款工作,他曾任黃埔軍校的國民黨代表,以及國民黨財務部部長。廖承志的母親何香凝,是來自香港的大家族,[60]廖承志在日本出生,他的日本話說得很純正,而中學則是在廣州嶺南大學附中唸的。廖承志的姊夫李少石,[61]在重慶時被殺害;[62]廖承志也曾經有數次幾乎被槍斃的危險。蔣介石也曾想將他置於死地,但蔣介石還是顧及他與廖仲愷及何香凝的關係而沒有執行,但時移世易,後來想要殺掉廖承志的,竟是共產黨的張國燾。[63]

廖承志的幽默電報,顯示他在當時是受重用的,他在中日關係上曾經作出了很多貢獻,代表中國與日本談判協議;他所主持的華僑及港澳工作也有很大的成就,但過後卻被置於遠離權力核心的地方。雖然他所得到的待遇並不公道,但廖承志卻不在乎!

1949年的香港,中華總商會掛起了中華人民共和國的國旗,更組織一些人回去國內。一直以來,香港都是進行地下工作的地方,而廣東相對地主張開放,有不少國外人士是經由香港返回國內的。當時出任廣東省副省長的鄧文釗,[64]原來是香港華比銀行的經理,是一位富商。香港荔枝角三光布廠的經理陳君冷,[65]也結束生意返回內地,成立「華僑投資公司」。很多熱心的、愛國的都回去,包括居港的印尼僑領黃潔、[66]泰國的蟻美厚、[67]菲律賓的黃長水[68]等。

在1950至1957年之間,我們在廣州興辦「華僑投資公司」,建築華僑大廈,設立華僑新村,籌辦華僑小學、暨南大學。華僑投資公司的資本都是華僑從外面帶回來的,當時還聲明投資的資金可以獲得年利率八厘的利息。但後來這些都成為「黑樣板」,全部都被沒收了。

南北行的陳祖沛，[69]是香港的有名商人，在解放初期他的生意是賺錢的，但他把自己的大成行，以及在天津、武漢及香港各地的公司結束，將資產帶回廣州，參加建設華僑大廈，辦廣東省工商聯，並出任主席。後來在「三反五反」[70]運動時，他被迫跳樓自殺，雖然沒有死，但卻斷了腳。

新中國成立後，香港的英國人也明白到需要改變，於是有貝納祺（Brook Bernacchi）的「香港革新會」[71]的出現。另外，那個時候的「華人革新會」[72]（簡稱「華革會」）也都走在前面，非常強調民主；該會的主要領導成員有陳君葆、[73]莫應溎、[74]蔡渭衡[75]及黃祖芬。[76]莫應溎是香港大律師，蔡渭衡後來成為華革會的副秘書長，黃祖芬原是中華中學的校長，是梁愛詩的舅父。

1951年底，東頭村木屋區大火[77]之後，內地派人來香港發放大米。然而隊伍在1952年3月1日到達羅湖時，港英政府拒絕他們入境，於是香港有示威抗議行動，參加的有數十個團體，包括華革會和中華總商會。英國人卻利用這個事故，將莫應溎遞解出境，這被稱為「三一事件」。[78]

1950年代初，中國抗美援朝，聯合國對中國實施禁運，經香港轉運的支援物資也因而停頓下來；這裏就要談到霍英東先生了。霍先生對我們說得十分清楚，該段期間他負責將物資運回國內，他只知道中國需要相關物資，但卻遭人家禁運，他認為那是他應該幹的事，當時他並沒有什麼要幫助國家的覺悟，後來才知道他的生意是有那麼重要的作用。[79]

其時很多鐵料、汽油用品等物資，都是經香港轉運到內地的。從香港偷運物資進入內地，是華僑投資公司的工作。根據一些朋友說，當時戰場上很需要的青黴素，[80]是由一位張姓人士購買營辦，再由霍英東負責運輸返回內地。

香港的角色

對中國來説，香港有什麼作用呢？我一直都想着這個問題。在廣東，地方社會有機會接觸許多外來的思想，但也自然容易受到外面的衝擊。西方社會有許多先進的事物，他們不但有機器，還有許多思慮和經驗。500 年前歐洲的傳教士聖方濟各 (St. Francis Xavier) 已經到達台山外海的上川島，之後島上還蓋了教堂。[81] 數十年後，意大利的幾何、天文學及有關大自然的知識，便是經過廣東而傳到北京。[82] 蘇格蘭的馬禮遜[83] 前來中國傳教，他的傳教工作對中國社會產生了很大的影響；他本人沒有到過香港，最後在廣州去世，葬於澳門。廣東的洪秀全[84] 在咸豐元年 (1851 年) 建立太平天國，以外國為學習對象，他受到西方天主教的影響，開始時，組織內強調天父天兄的平等關係，但最後還是建立了一個封建王朝。太平天國失敗後，洪秀全更把所有的「兄弟」斬殺，一個不留。

我們華南有很多先行者，他們接受西方的教育，所以南方地區受西方的影響也比較大。在這個西方影響中國的過程中，香港產生了很大的作用，清廷派往美國的留學生，就是通過香港前往美國，香港的周壽臣[85] 便是其中的一個留美學生。在香港長大的何東，[86] 是政商名人，父親是荷蘭的猶太人，母親是華人，他喜歡穿長衫，以華人自居。孫中山在香山 (今廣東中山) 出生，是香港西醫書院的學生；香港西醫書院是香港大學的前身。四大寇[87] 也是在香港活動；興中會、[88]同盟會[89] 等組織，都是從香港開始革命活動。孫中山在香港組織革命活動、組織會黨、安排成員返回內地進行革命。到湖北新軍起義，影響蔓延起來，孫中山便從美國太平洋回來。為何香港會得風氣之先呢？而革命黨人又為何敢於去與滿清對抗呢？那是因為香港提供了一個地方，讓他們避開滿清政府的直接殺戮。另一方面，香港是一個輸

入西方理念文化、傳播消息的地方，也是一個讓我們瞭解外面世界的運作、掌握世界大勢的地方，香港擴闊我們的視野，令我們反思很多問題。

可以說，香港是一個很特別的地方，香港人的想法，也與很多中國人不一樣。相對北方來說，歷史上，中國南方有比較多關於新思潮的討論與行動，「國際共產」思潮在廣東已經有很長久的發展歷史，孫中山推行「三大政策」，[90] 興辦黃埔軍校，[91] 後來周恩來便是在黃埔軍校擔任政治部的主任。在廣東，廖仲愷負責民國的財務，[92] 是一個很重要的位置。孫中山及廖仲愷都是香港皇仁書院[93]的學生，民國初期的第一任外交部長王寵惠，[94] 也是香港人。香港很早便是一個接觸西方思想、西方革命思潮的地方，所以香港能夠出了那麼多對中國有影響力的人。

我們要建立新中國，進行現代化，但如何進行，是需要學習的。西方的社會與文化，是我們學習的一個方向，而香港也有很多值得我們學習的地方。雖然香港地方不算大，但英國人將香港，尤其是市政衛生，弄得井井有條。香港的制度是如何建立的呢？在香港，我們有機會瞭解西方社會所出現的問題，以及其應對的策略與方式等。在當前香港的學生運動中，[95] 中國採取一個不妥協不流血的政策；從中可以學習到許多東西，有正面的，也可以是反面的。

中國從一個農耕社會裏走出來，從一個專制、極權的制度中走出來；在體制上，中國是封建的、落後的、閉塞的。解放前，大家一直都認為：中國不是資本主義太多，而是資本主義太少，我們要改變中國的舊制度，要將中國脫胎換骨。毛澤東曾經說過：「我們要搞民主，我們要搞新民主主義社會。」[96] 但這個改變，卻成為一個長期的、很痛苦的過程。這百多年來，政局與社會制度反反覆覆的，老百姓在別無選擇的情況之下，更要在長時間的痛苦中探索。

婚禮家庭合照，包括何銘思及陳用心雙方家庭成員，1951年。

何銘思與陳用心結婚照，1951年。

第五章

「下放」香港

返港結婚

1951年，得到部隊上級的批准，我返回香港結婚。當時我28歲，表面上是結婚，實際目的是要保護一個作為陣地的香港基督教女青年會，因為我的未婚妻陳用心是香港基督教女青年會的婦女幹事。在解放戰爭的時候，很多女幹部參加了基督教女青年會的活動，但港英政府卻將很多愛國人士遣返大陸；我們當時的策略是保護該陣地，掩護部分留港女幹部，希望她們不用撤退。

婚宴在油蔴地吳淞街大觀酒樓舉行，該酒樓可以算是那年頭九龍最大的一間酒樓。由於我是一名「窮光蛋」，身無分文，婚宴的所有費用都是由岳父支付，他把整間大觀酒樓訂了下來，為我們舉行婚禮。然而我婚後不久便返回廣州，跟着被調到華南分局統戰部工作，我太太也在1952年返回廣州，與我一同在統戰部工作。

「下放」香港

那時的廣州，可以說是由葉劍英統領。葉劍英是毛澤東的「死黨」，他隨着毛澤東長征，在各個環節上與毛澤東相伴相隨。北京解放後，葉劍英被任命為北京市市長；廣州市解放後，他也就出任廣州市市長、廣東省省長。可是過了不久，他卻被批評搞地方主義，1953年毛澤東把他調走。[1] 葉劍英縱然與毛澤東有着長久的關係，卻也得不到毛的信任，所以在那個形勢之下，毛澤東又怎會信任我們這些在廣東的小人物呢？在他的眼裏，我們真是比蚊子還要細小呢！他是看不見我們的。

1957年之前，我和太太都還是在廣州的統戰部工作。葉劍英在廣東的時候，華南分局的統戰部由他主持，我太太當時是統戰部秘書科的副科長。1957年開始的「反右運動」，有烏雲壓頂之勢，正是「燕子低飛，山雨欲來風滿樓」，[2] 我們開始覺得情勢不妙，統戰部部長饒彰風[3] 也估計很快便會有重大的事情發生。在當時的政治氣候中，很難得的是饒彰風並沒有懷疑我們這些有港澳背景和關係的幹部，雖然我父親及我太太的家族成員都是香港的資本家。饒彰風也認為若果我們留在廣州的話，最終會難逃一劫，他於是安排我們一家四口返回香港。那時我們已經有了長女，兒子則剛出生，只有數個月大。

毛澤東在1956年提出「百花齊放，百家爭鳴」，鼓勵社會發表意見、提出批評；但當批評愈來愈多的時候，毛澤東認為那會危及中共的領導地位。中共於是在1957年進行反撲，肅清右派分子，這即是後來所謂的「反右運動」。[4]

我這種從香港回到內地的人，稱為「紅歸」，我算是「根正」，但不「苗紅」，因為我的父親是資本家，而我太太在香港的家人也是資本家。由於我負責的是有關香港的工作，與大眾的關係不大，所以沒有引起太大的問題。然而由於我太太曾經跟隨葉劍英工作，當葉劍英被

饒彰風與女兒，廣州，1960年代。

調離廣東後，她便成為失勢的一派。我們有這麼多「不好」的背景，如果運動來到，要我們作出交代，我們可以如何交代呢？加上我的性格和脾氣，如果留在廣州的話，真是結果難料！幸好那時我身份卑微，在離開前沒有引起其他人的注意。

饒彰風先生之前是華南分局統戰部的副部長，1955年廣東省委統戰部組成後，他繼續出任部長。他瞭解我及我太太的家庭背景，也明白我們不再適宜在那個環境工作，便首先安排我個人返回香港。[5]

那年開始，所有人都要「上山下鄉」，[6]我們稱之為「下放」。其時很多人都不明白什麼是上山下鄉，地方掌權的認為「下放」就是要把那些不聽話的臭小子趕到鄉下去。也就是因為這一個下鄉的安排，我便可以被「下放」回來香港。這個安排，可以說是保護了我。

我1957年返回香港時，我太太及子女都仍在廣州。那時山雨欲來的感覺很強，覺得太太不離開內地的話，也會出問題。在饒彰風安排之下，她便帶同長女及兒子回來香港，但他們回來的過程卻非常曲折。因為當時入境香港已經採用了一個新制度，需要新的證件，而我

的太太、女兒及兒子沒有回來香港所需的證件，於是饒彰風親自請馬萬祺[7]安排他們先到澳門。他們在澳門時，由馬萬祺接待，何賢[8]則協助安排他們乘坐大船前來香港。我太太的香港家人，請了一些他們認識的警察幫忙，當船抵達香港時由陳福祥警司將他們接走，我太太也終於成功返回香港。那時我們被安排住在尖沙嘴彌敦道雄雞飯店樓上，那裏也就是當時新華社的地址。繼後，我和太太便在新華社香港分社工作。

解放前，也即是國共內戰的時候，新華社在香港有一個很特殊的位置，喬冠華[9]及黃作梅[10]先後擔任香港新華分社社長，他們有非常特殊的地位。我被調回來香港後，工作上須面對全新的人和事，對於要負責的工作，認識也不多。與此同時，內地卻出現了一連串的運動，以及後來的文化大革命。我就是在這樣的環境裏面，參與在很多不同的事情裏，回想起來，發覺中間夾雜着許多偶然的因素，我只是一步一步的被推着走。身在香港，我避開了大躍進及文化大革命等運動所可能造成的傷害，也是因為這樣，我才可以在後來改革開放的年代作出一些貢獻。

其時我是以一個共產黨員自居，無論時勢怎樣混亂，我還是跟着黨走。我唯獨是不願意去整人，直到現在，我沒搞過「早請示、晚匯報」，[11]沒有跳過「忠字舞」。[12]這是因為在這個期間，我的小辦公室設在中國銀行大廈裏面，有一個相對獨立的工作環境。加上我並不喜歡這些舉措，覺得這些就像是唸經禱告的宗教儀式。八、九歲時，我在喇沙書院唸書，雖然喇沙書院是一所天主教學校，學生每天都要唸聖經，可是我始終沒有成為天主教教徒。我小時，家在三太子廟的左鄰，家人都常常到三太子廟拜神，但我不信李靖、也不信哪吒。我比較相信人文主義，我喜歡事實，我喜歡在現實的生活當中接觸瞭解，才決定哪些該信，哪些不該信。

何銘思家庭合照，1950年代末。

抗暴鬥爭與文化大革命

1960年代，大躍進及文化大革命等運動在大陸進行得如火如荼。這些運動不但破壞了中華文化，還令很多人喪失了性命。在香港，我可以看到很多事物、學到很多東西，也知道鄉下的人吃的不飽、穿的不夠，香港人寄食物、布疋回鄉支持親友。我也是一個很現實的人，我也寄糖油等生活必需品回去幫助親友。當時內地有病的人，都沒有方法得到醫療藥物。一些地方還流行着那些不倫不類的所謂發明，用來醫病，例如打雞血針、食紅茶菌——用針筒將鮮雞血打到人體內，從紅茶中培殖一些細菌，作為醫療藥物；甚至有些人撰說可以靠吃地上的「觀音泥」來治病。我認為這些都是盲目的、不科學的。如果你是一個生活在進步新社會的人，你會如何看待這些事情呢？

伴隨着內地1966年開始的文化大革命，1967至1968年的香港也有大規模的社會動亂，[13]香港社會受到很嚴重的傷害，陷於崩潰的邊緣。

在解放後，有關香港的政策，都是由周恩來主導。但到了文化大革命的時候，廣州軍區派人到香港，我們的部門變成為「軍管」，也即是由軍方直接負責管治。1967年，周恩來失去了他的影響力，陳毅[14]被打倒。周恩來為了保護廖承志，安排他住進了中南海。當時香港正處於一個不知如何是好的形勢裏。1968年，廣州的軍區司令員黃永勝[15]被打倒，廣州軍隊改由丁盛統領。[16]在丁盛時期，香港的統戰部由張彬[17]負責，張彬來自軍隊，是一個「軍」的政治部主任；這樣，我們變成是由廣州軍區統管。當時香港的銀行，如南洋銀行、交通銀行等分行的行長，都是由大陸派來的人擔任，他們有些人是村委書記，沒有銀行工作背景，完全不瞭解金融工作，有些可以説連加減乘除都不懂，只會説革命口號，他們只是「根正苗紅」、貧下中農出身。那是銀行業務啊！在這些情況下，如何運作呢？

共產黨內的組織非常複雜，由不同的線組成，各成體系，你管不着我，我也管不着你，相互之間亦不溝通。軍委一邊不讓你知道他們的行動，國務院一邊也不讓你知道他們的舉措，所有部門都一樣，不讓其他人知道自家的事情。就算是軍委當中的政治部、情報部和參謀部之間，都互不溝通。大家都不會讓其他系統的成員知道自己系統內的事情。而就算部門裏的行動組執行了行動，都只有部門的主管才知道。

近年，社會上有人批評楊光[18]與1967年林彬被燒死的事件[19]有關，那是冤枉了楊光，楊光對整個事件都不知道。當時楊光已經躲藏了起來，因為港英政府要逮捕他，警察到北角華豐大廈等地四處找他。林彬被燒死的事件，是共產黨組織的，但是由哪一個部門執行，到現在還是一個謎。

我初到新華社做統戰工作時，真的是什麼都不懂。處在當時的形勢，大家都不敢、也不願意做任何事情。由於我年青，沒有太多顧

慮，也敢於接觸不同方面的人，可是也沒有膽量真的去做一些什麼事情出來。

早在抗日戰爭時，我在粵北認識了李彥和，我稱呼他為「主任」，當時大家都是青年，後來在香港再見面時，大家都是滿頭白髮，他稱呼我為「白頭細佬」。初回香港時，我自己有所顧忌，不想與他見面，還刻意避開，因為與他們這些背景的人見面後，要作交代。不過，1978年我負責了統戰部之後，便採取比較大的主動，雖然處理過的事都要做記錄，但可以說，我認為需要見哪些人，我便去找他們。

1967年，我負責管理抗暴鬥爭的所有財務開支，這筆財務收入來自不同的地方，可以說有點兒混亂，有從北京調來的錢，也有是群眾捐獻的現金、金飾和玉器；當中的一些帳目的來源與安排，更不是三言兩語可以說得清楚的。當時張彬給我的指示是把記錄燒掉就可以了，他說一些有關文化大革命的帳目，都是這樣處理的。初時我也以為可以這樣照辦，但心裏一想，如果我這樣做，最後自己也要負上責任，而所有的問題都可能會算到我的頭上來，那時黃河水也洗不清了，而且還會拖累梁威林、[20]祁烽[21]二人，甚至在北京的周恩來，因為當時香港的事情還是由周恩來負責的。所以我處理財務問題時，都請相關的管理人監督，從不獨斷獨行。1967年的財務，一開始便請工聯會的人管理出納會計，然後我要求他們清楚交代帳目。當時的負責人分別是陳耀才及李生；陳耀才是電車工會主席，然後由張彬審核簽名。最後剩下逾300萬元，都交給了工會。

事情過後，回想起來，覺得政治是那麼可怕的。其時我經手處理的帳目總額龐大，大概有數千萬元。我只是底層的一個工作人員，燒毀記錄的處理方式可以有很嚴重的後遺症。身為上司，實不應該把下屬置於這樣的一個陷阱裏。

在新華社時，我與梁威林有比較長久的關係，但在大政策之

下，大家都沒有什麼真心話可談，根本沒有哪些是所謂的自己人。可以說，當有矛盾出現時，首先要殺的，可能正是自己人！真是人心難測啊！

那時，我看到有些領導被冤枉致死，非常感觸，饒彰風先生是一例。回想起來，沒有他的照顧，我今天便沒有可能在這裏談話。另外一位是我的直屬上司孟秋江先生，[22] 他曾經是《文匯報》社長，中國名記者，與當時的范長江[23]齊名，他是第一任天津市統戰部部長，他在1962年開始成為香港《文匯報》的負責人，但他後來卻自殺身亡。

我與孟秋江的關係比較密切。我與太太及他三個人共用一個辦公室。他年紀比我大十多歲，他的太太雖然是醫生，但在香港卻不能發揮所長。我們兩家人非常稔熟，孟太太是一位非常容易相處的人，當時我在家閒暇時養了一些小鳥，白色的、綠色的，牠們會不斷地繁殖，我送了數隻給孟太太，可是之後我卻被批評，説我腐化了他的太太，那真是一個顛倒的時代。可悲的是孟秋江後來在北京自殺身亡，據説他是李鵬[24]的親戚。孟的書法寫得很漂亮，臨死之前，他寫了這一副對聯：「青山到處埋忠骨，何必馬革裹屍還。」

在1960年代，唐澤霖先生是香港出版界方面的頭頭，在香港出版界他可説是有着豐功偉績，[25]他是當權派，但後來卻受到整肅。有一次我們一起到內地，我半夜去洗手間，經過他的房間，燈是亮着的，看見他發怔地站在一旁。翌日，我被問：「何銘思，你昨晚有沒有看見什麼特別的事情呢？」我馬上説什麼也沒有看見，我一面在説，但心裏是驚慌的，這是一個非常惡毒的試探，我的答案可以成為對付我的一個理由。

1957年我「下放」到香港時，我看着內地，那並不是隔岸觀火，但倒有旁觀者清的感覺，因為很多發生的事情都與我有關係！我認識的人，有被鬥的、有被關進監獄的、有被鬥至死的、也有是含冤而終的。

江青[26]和康生[27]當權的時候，很多人被害死，包括田漢、郭沫若、胡風[28]等文化人，演藝界的趙丹，[29]宣傳界的好手歐陽予倩；北京市市委書記彭真[30]就被關在監牢裏。北京市委統戰部廖沫沙[31]被長期監禁，北京市副市長及史學家吳晗[32]又被整死。這些都是我佩服的人，我處事的方式，就是沿着他們的方向走。

劉少奇、[33]彭德懷、[34]賀龍、[35]田漢、劉伯承[36]等，都是功勳卓著的人物；作為堂堂一個國家主席的劉少奇，卻變成為叛徒、內奸、工賊；彭德懷在延安戰爭裏，以兩三萬軍隊，將國民黨的十多萬人打到頭崩額裂，他在朝鮮戰爭，亦立下豐功偉績，但最後卻是被搞死；賀龍亦是被整死的。這些人又怎麼會變成叛徒呢？又怎會是反革命呢？他們為什麼到了這些位置才反革命呢？那時候我沒有辦法不思考這些問題。

從1957年到1978年的一段日子裏面，內地起了很大的變化，先後有階級鬥爭為綱、大躍進、反右、上山下鄉、文化大革命等一連串運動，一個接着一個。在這個階段裏面，許多我認識的民主人士及國外人士都遭殃。另一方面，香港的群眾又被趕回大陸去。[37]1950年代初期土改時，傷害了一部分人；1957年反右，又傷害了一些幹部；我們就是不懂得保護他們。在香港，一些出來支持共產黨的人亦受到傷害，有些人參加罷工後，沒有工作；有些人坐監獲釋後，沒有着落，不知如何是好。這些都令我覺得共產黨沒有人情味。那時我還是跟着潮流走，但在這個潮流中，漸漸形成了自己對某些政策的看法，對某些東西有所選擇，不去接受。

1971年的「林彪事件」[38]發生後，我心裏問，為何林彪突然又會變成這個樣子？覺得共產黨是一個非常複雜的組織。雖然我也不知道我是怎樣走入政治的，但我漸漸發覺自己完全不是一個搞政治的人。經過1982年羅孚事件後，[39]我就更加覺得宦海波濤洶湧，也開始有離開

新華社的念頭。特別是在 1983 年，廖承志去世，許家屯[40]來香港後，我更加急着想退出。雖然那時候我已經是港澳工委委員、統戰部部長、新華社副秘書長，在香港，都算是一個重要的位置，但我已經開始思考如何可以退出。

　　從 1950 年代到 1980 年代，看着中國的處境，雖然自己是一個什麼都不懂的普通人，但依然有着一個匹夫有責的心態。我們這些人，雖然跟着潮流走，但都還是有一些自己的想法，有自己的立場，卻不會因為這些立場而不愛自己的國家，我是真的愛自己的國家，愛自己的民族，希望她好，就是這麼簡單。

第六章

改革開放

　　1976年9月毛澤東去世，10月「粉碎四人幫」，[1]江青、張春橋、姚文元、王洪文被逮捕，這標誌着「文化大革命」的結束。打倒四人幫的時候，大家絕對是歡天喜地的，當看見江青的照片，覺得很是嚇人，她是人稱的「紅都女皇」？我心裏不禁在問，為何中國會出現江青這樣的人呢？

　　我從那個世界回到香港，看着中國，覺得中國不應該是那個樣子的，中國的建設不應該是那個狀況的！那時大家都知道那條路是走不通的，都覺得中國不能這樣走下去。到了1978、1979年，情況開始有了改變，國內提出改革開放。那是華國鋒[2]的時代，當時掌權的還有汪東興，[3]但他很快便從政壇上消失得無影無蹤，緊接着是鄧小平時代。在政策上，華國鋒時代與鄧小平時代可以說基本上都是一致的。

　　我非常支持中國發展，趙紫陽在四川擔任書記時，[4]推動地方發展。1978年，趙紫陽來信新華社，邀請香港方面的人到四川考察。結果由我帶領一個考察團前往，同行的有王寬誠、[5]伍淑清、[6]黃宜弘[7]及鄭正訓[8]等人。回來之後，我出版了一本九寨溝的圖冊，[9]介紹當地的風景，我可以算是第一個推動發展九寨溝旅遊的人。然而我們該行並

四川考察。右三為何銘思。1978年。

北京釣魚台國賓館合照。後排右二為何銘思。1982年6月。

沒有機會與趙紫陽見面，因他已經被調返北京。回程返香港途中，在火車上聽到「三中全會」[10]的新聞廣播，知道中國要開始轉變了。

負責統戰部

1978年，廖承志出任國務院僑務辦公室主任、第五屆人大常委會副委員長。廖承志復出後，便開始對港澳事務作出全面調整。那一年，本來的安排是將我調回廣州去，我自己也做了返回廣州的準備，但還得先前往北京，聽取安排。我們返抵廣州後，廖承志指示軍管的人不用前往北京；由於張彬是屬於廣州軍區的，他便不用赴京。結果只通知我一個人前往北京做匯報。在北京，我到了國務院後，才知道是廖承志和連貫[11]親自聽取我的匯報。其時香港的事務是由他們兩位負責；之前負責香港事務的是周恩來。他們和我談香港的事，談了一天半。最後的決定是將我留在香港，廖承志跟我說：「你先回去，暫時不要回來。」我也便返回香港。當知道要負責港澳的統戰工作時，覺得很尷尬，也很徬徨，因為原本香港統戰部負責的每個人，官位都在我之上，我坐在那個位置，可以如何處理呢？我的歷史、背景、政治、後台都沒有任何特別之處，加上我的文化水平及政治水平都不高。我到現在也不明白，當年廖承志為何會信任我，將我擢升為統戰部部長？我不是一個有官癮的人，要擔任統戰部部長，我不得不感到惶恐。

打倒四人幫之前，香港系統內的人都非常左傾，脫離社會實際。以《大公報》為例，曾經有很多名人擔任報社的不同工作，例如負責新聞翻譯的金庸[12]和梁羽生、[13]國際論文的李俠文[14]和編輯的馬庭棟[15]等，他們都是一流的人才。但為了要起用自己人，便安排內地人來香港工作，由於各自重用親信，也便漸漸形成不同的山頭。[16]當時強調

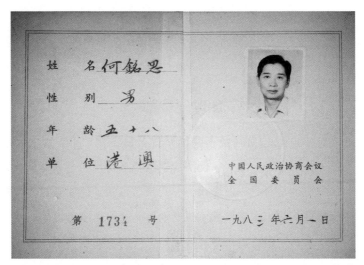

何銘思出任第六屆中國人民政治協商會議全國委員會(簡稱「全國政協」)委員之證件,1983年。

以階級鬥爭為綱,我們銀行中的一些職員,是由國內的地方鄉村的村委書記調任,他們不懂市場經濟與金融運作,又怎可以管貿易呢?這些都是當時要作出調整的範疇,由於我負責統戰部,也委實要負責對一些事項進行處理,但人事方面,還是由中央負責調整的。

香港統戰部部長是重要的位置,由國務院委派。1981年,我出任港澳工作委員會委員;1983年,我被任命為第六屆全國政協委員,在我的一代人,有相同經歷而出任全國政協委員的就只有我一人。1985年,我成為新華社香港分社的副秘書長。

中央黨校學習

華國鋒當權的時候,提出改革開放,開始承認市場經濟。我擔任了統戰部部長後,也於1980至1981年進入北京中央黨校學習。[17]我入

黨校的目的並不是要搞政治，而是想要知道改革開放的重點。因為在此之前，商品經濟是非法的，談也不可以談。那時的中國沒有市場經濟，只有分配關係。計劃經濟與市場經濟是兩個很不一樣的制度，而且兩者之間是存在矛盾的。

當時黨校的學員都是中央部級官員，我參與小組的成員，主要是瀋陽和旅順的負責領導，還有工程兵、司令員、南京部隊司令員等。課程設計是講授市場經濟，講述中國如何可以恢復市場經濟。但很多討論，例如討論《反杜林論》，[18] 都實在與市場經濟沾不上邊。那些講者基本上不懂什麼是市場經濟。我自問是來自一個以正式市場經濟運作的地方，我較他們清楚什麼是市場經濟。廣東省黨校的校長梁木是我在達德學院時的同學，我向他抱怨說，黨校課程的講者都不懂市場經濟，他們說的只是換湯不換藥的計劃經濟，實際上都是行不通的。

市場經濟改革

因為毛澤東要消滅商品經濟，所以國內的商品市場也都被摧毀了。當1978年提出推動市場經濟的時候，可以說沒有多少人懂得什麼是市場經濟。雖然那些早前被劃成右派的人明白市場經濟，但他們哪裏還有資本進行經濟投資活動呢？

我當時也常思考如何可以將市場經濟的知識和經驗帶回內地？應該往哪裏學習市場經濟？往歐洲？往美國？我認為最理想、最適合學習市場經濟的地方就是香港：一方面，大家都是中國人，講中文，大家容易明白掌握，加上很多中國的傳統模式和習慣都還在香港得到傳承；另一方面，香港實行的是資本主義經營，亦是一個市場經濟比較成熟的地方。我們要推動的是市場經濟、資本主義經營，香港是最適合不過的地方。然而，香港某些範疇有過分壟斷經營的情況，不算是

資本主義的經營，但那些也是我們要知道的東西，而且對我們這種新手而言，一切都是有趣的事物。在黨校的時候，我做了一個決定，就是返回香港後要組織有關市場經濟的培訓班，培養內地的人才。

以前的說法是共產黨有三大法寶：建黨、建軍和統一戰線。意思就是說：首先要建立共產黨，需要黨去組織人，去宣傳共產黨的主張；然後共產黨需要軍隊，而有了軍隊之後亦需要得到廣大人民群眾的支持，這就是所謂的「統一戰線」。簡單來說，統一戰線就是團結其他人，簡稱「統戰」。

我們香港統戰部的工作就是要鼓勵香港的團體去組織自己、團結自己。我們當時統戰的對象，包括商會、社團及同鄉會，例如中華總商會、中華出入口商會、潮州商會及福建商會等。

香港中華總商會、[19]中華出入口商會、[20]華革會、文員協會[21]等是我負責聯繫的機構，我也與這些機構的領導發展了比較好的關係。在文化大革命期間，大家會對一些事物有不一致、甚至是矛盾的看法，而我也有自己的觀點與立場。一些團體組織曾經問我，能否在會址內擺放劉少奇的相片，我的回應是：「你們自己決定吧！不要說曾向我詢問，就可以了。」1978年中國提出改革開放的時候，我便有念頭找香港的團體機構來幫忙。因為我與香港中華總商會、中華出入口商會、中華廠商聯合會[22]有比較好的關係，很自然地首先找他們幫忙。我與中華廠商聯合會的黃篤修、[23]中華總商會的王寬誠及高卓雄[24]等都有比較好的聯繫；我也與新界的工商團體及社團保持接觸，我與陳日新[25]的關係也算不錯，他的弟弟陳中行是我在達德學院時的同學；這些個人關係也曾經在不同的事務上產生作用。

雖然我這個部長沒有多少特長，但我覺得我還是應該做一些事情，嘗試利用我在香港的人際網絡，集結有能之士，幫助重建中國的市場經濟。我主動邀請霍英東、王寬誠、李兆基、[26]鄭裕彤、[27]郭得

香港工商界人士蛇口考察，1980年。

1980年代初國慶觀禮團。後排左二為何銘思。

勝、[28]李嘉誠等香港工商界人士，參加國家的改革開放建設：在中山
發展中山溫泉賓館，在廣州興建白天鵝賓館、花園大酒店及中國大酒
店；成立培華教育基金，在中華總商會開展培訓班，在中山大學建立
管理學院。幫助何善衡成立「何氏教育基金」及「華夏基金」[29]來支持

國內的教育工作。在改革開放的年代，統戰部的工作主要是配合該時代，建設發展市場經濟的道路。在這條市場經濟改革的道路上，我是有點不怕天高地厚，做了一些我認為可以做的事，但對錯與否，就要看將來的發展了。

籌建酒店

1970年代後期，我已經開始找霍英東研究在廣東辦酒店的可能性，目的是要將香港的經驗及酒店營運模式介紹到內地，霍先生答應了辦中山溫泉賓館[30]和白天鵝賓館。[31]在中國改革開放的歷程中，這兩間賓館的成功籌辦與開業，可以說是很重要的里程碑。中山溫泉賓館首先在1980年年底開業；白天鵝賓館則於1983年開業，從籌建到開業，只是用了三年的時間。[32]

那時籌建酒店的計劃，都是在廖承志的主持下進行。當時在國內籌建的大酒店共有五間：三間在廣州，兩間在北京。廣州辦的是白天鵝賓館、中國大酒店[33]及花園大酒店。[34]在北京的其中一間，選址在頤和園附近，其時亦已發展到建築設計的階段，但最終沒有籌建成功。另一間是兆龍飯店，[35]由包玉剛[36]主辦，營運直至現在。

以該時期開辦的酒店來說，白天鵝賓館是全中國最早、辦得最成功的酒店。[37]所有的領導都要到白天鵝賓館參觀，看我們怎樣工作、怎樣接待外賓。它幾乎是廣東外賓必到之點，英國女皇、布殊（John Bush）、基辛格（Henry Kissinger）、尼克遜（Richard Nixon）及古巴的領導人等都曾到訪，他們在白天鵝賓館見識我們國家的改革與開放。

1980年代，中國提出改革開放，推行市場經濟，但馬上亦面對很多抗拒。我認為這是正常的，每一件事情的發展都要經歷一個過程，也會遇到很多難以預料的困難，否則不會有些項目在最後辦不下去。

我們所遇到的困難，主要是由地方勢力的抗拒所造成，現在大陸好些
地方都還是被傳統鄉村經濟模式所束縛。

改革的突破點

　　我們閉關鎖國，與外界斷絕接觸超過30年。當時要進行改革開
放、發展市場經濟，目標是非常清晰的。可是要真正的開放、真正的
市場經濟，最基本的便是須容許物價、房價的變動。在計劃經濟之
下，在不同地方、不同環節之間的物價都是相互關連，形成一體，絕
不容許個別物價的改動。於是我們第一道難題便是要找出一個容許物
價改革的突破點，而酒店是我們認為可以作出嘗試的地方；因為在酒
店內，我們可以自己決定物價。例如在街邊出售的雲吞麵，一碗是兩
毛錢，但我們在白天鵝賓館內可以定價三塊錢。我們需要的材料，可
以從自由市場中的不同渠道向私人購買；短缺的，我們給多些錢，便
會有供應。中山溫泉是我們首先進行物價改革的地方。中山的乳鴿
是有名的，初時整個中山一年只產約兩萬隻乳鴿。這是因為乳鴿的售
價是固定的，而且當時每隻乳鴿的售價並不足以抵消飼養成本，農民
也便沒有動機增加產量。後來乳鴿的價錢提高了，一個農場便能夠出
產兩百萬隻。乳鴿需要吃飼料，飼養的乳鴿數量多了，對飼料的需求
也自然增加，但只要提高價格，便會有額外的飼料供應。我們出口的
豬、羊、雞都一樣，農民怎樣將牠們養大呢？他們都需要其他輔助行
業的支持；物價的提升，可以刺激供應，帶動其他行業的發展。霍先
生明白市場的運作，知道物價改革的重要性，他也成功將改革點做了
出來。其實那些並不是什麼高深的理論，只是「物價決定市場，而市
場又決定生產」的道理。

　　我們提出進行物價改革的時候，也做了一些事前的準備工夫：首

先比較了香港與內地物價的差異，也考慮了若果香港的企業家在國內
設廠生產時，所可能會引起的物價變動及相關的影響。我們對內地的
不同地方進行比較，認為廣東有條件進行，可以承擔得起物價的輕微
上漲，而其他地方不一定可承受這個改變。在得到廣東政府同意後，
我們便在廣東建公路、橋樑、高爾夫球場，還提出路橋收費，最主要
的目的是帶動物價制度的改革，但很多不理解的人，將我們的建設看
成是犯罪活動。

改革不走回頭路

改革開放是新事物，過程中面對很多阻力，大家都希望得到中
央領導的肯定，確認地方工作成就。1984 年 1 月，鄧小平視察深圳、
珠海、廈門三個經濟特區，1 月 26 日，鄧小平結束深圳的行程，繼續
前往珠海經濟特區視察。[38] 他在離開深圳時對深圳的領導說暫不發表
言論。鄧小平在珠海參觀了香洲毛紡廠、獅山電子廠、九洲港及石景
山。28 日上午他登上中山溫泉賓館北面的羅三妹山，落山時同行的人
建議原路下山，鄧小平語帶雙關的說：「我從來不走回頭路！」他是在
參觀中山溫泉之後，才說不走會頭路這句話，但他當時還以為中山溫
泉是在珠海呢！[39]

在那天晚上，鄧小平會見了霍英東、馬萬祺等港澳人士，他說：
「辦特區是我倡議的，看來路是走對了。」29 日中午，他為珠海經濟特
區題詞：「珠海經濟特區好」。然後下午經順德前往廣州，當深圳的領
導知道鄧小平為珠海特區題了詞之後，便馬上決定請鄧小平為深圳題
詞，鄧小平在廣州寫了：「深圳的發展和經驗證明，我們建立經濟特
區的政策是正確的。鄧小平，1984 年 1 月 26 日。」他題詞的當天是 2 月
1 日，他將題詞日期改為他離開深圳的 1 月 26 日，這遲來的題詞是追
認了深圳的經驗與成就。[40]

　　中山溫泉的成功經驗對鄧小平有很大的影響，他在那裏看到商品市場，不用糧票及布票等配給方法，[41]商品可以在當地自由買賣，自由流通；而且還有外匯進入市場體系裏。李嵐清的書，就清楚描述了中山溫泉的成就。[42]後來，鄧小平也認為白天鵝賓館計劃沒有做錯，令霍英東非常高興。[43]鄧小平說：「我看了幾個經濟特區，幾家飯店，中山溫泉賓館是霍英東獨資經營的，每年賺兩千萬，幾年後產權便屬於我們，這樣的事你們可以搞嗎？現在是提倡開放政策，不是提倡『收』的問題，是討論開放得夠還是不夠的問題。」

霍英東的參與

　　在改革開放的初期，霍英東先生很快便參與國內的發展項目，而這些大都是獨資經營的項目。我與霍英東先生的友情，可以追溯到1960年代初，那時我去找他，和他建立關係。霍先生跟很多中國人一樣，本來是生活在社會的低下層，然後慢慢從下層鑽上來。以我所知，他能夠鑽上來、令他真正發財的，並不是走私，[44]而是房地產生意。他發明「賣樓花」，[45]將未蓋好的房子的產權出售，要買房子的人先付錢，然後蓋房子，這是一項世界發明。他賺到些錢，便蓋了星光行，星光行位於九龍尖沙嘴海旁，所在地本來是一個貨運碼頭，他原計劃與包玉剛及招商局等合作發展，後來還是他自己獨資興建。可是建成後，英資置地集團便輕易地將之取去。他們用的方法很簡單，就是不給你電話線。後來星光行就賣給了置地，[46]作價好像是3,000多萬。1965年，香港政府以投標方式出售金鐘的一個地段，當時只有霍英東一個人投入標書，但香港政府卻以缺乏競爭為藉口，不出售土地。[47]英國人不喜歡霍英東，常說他走私，散播要將他遞解出境的謠言，雖然他已經是一位富有的商人，但在這樣的情況下，他還是有一個很大的陰影壓在心頭，擔心隨時有可能被港英政府遞解出境。

　　1960年代，霍先生眼看着外國人在香港「吃」中國人。廖創興銀行倒下來、[48]明德銀行要結業、[49]恒生銀行又被滙豐吞佔，[50]也就是被英國人吞了。當時廖創興銀行出問題時，霍英東先生出手支持，他說不是因為他有錢，而只是因為他站穩了，應該出手幫忙。英國人一直都給他麻煩。他後來到澳門，參與發展澳門娛樂公司，但他所有的遭遇與他在香港的很相似。

　　我與霍先生開始相處時，發覺他最主要的特點，就是真的愛國。他說：「我就是知道要愛國，就是那麼簡單的事。你沒有國的話，會怎樣？是很淒涼的！只會任人踐踏。我被日本人摔在地上，就像被摔的生魚一樣；[51]被英國人踢，只是慶幸沒有被打死！」香港政府針對他，拿走他的物業。很多發展計劃，他都選擇獨自進行，不與其他地產商合作，原因是不欲拖累他人。雖然他已經是「香港地產建設商會」[52]的主席，他還是覺得自己在香港沒有位置。在漫漫人生路上，他漸漸

香港地產建設商會北京考察團，天安門廣場留影，1976年。考察團由霍英東（前排右四）帶領。前排右五為何銘思。

醒悟了人生道理，到了1990年代，霍先生多番強調「人生如夢、不外如是」。

1960年代，香港政府打壓霍英東及何鴻燊，霍英東要作慈善捐獻，都受到當時的財政司郭伯偉[53]的干預。霍先生深感被歧視。當時負責港澳事務的廖承志，讓人傳話給英國人，說中國支持霍英東及何鴻燊。在1990年代，霍、何兩人與中國的關係，對他們在香港的位置，有很重要的作用。

培華教育基金

我從北京黨校回來後，便一直構想如何組織培訓班，讓國內的大學教授及領導幹部認識市場經濟，第一批培訓的成員是中山大學、暨南大學的教授和講師，兩校各派20人參加。開始的時候，培訓班是由中華總商會及香港中文大學合辦。本來的想法，是透過恒生銀行的何善衡先生幫忙，在恒生商學書院辦培訓班，學員住在該書院的宿舍。但何善衡的回應是：「看來英國人好像是不太同意！」那是因為利國偉不願意參與，由於恒生是滙豐的附屬銀行，副總經理利國偉是代表滙豐，也就是英國人的利益。[54]我的回應是：「我們辦培訓班，為何需要英國人的同意！」由於香港中文大學的陳方正[55]願意支持，我們便在中文大學辦了第一期，組織了一些香港的大學講師講解市場經濟；學員住在中文大學的宿舍。初期的培訓班，主要是在中華總商會王寬誠的支持下進行。

我一直在想如何延續培訓班的活動，當時中英雙方還未簽香港備忘，在廖承志領導下，我組織並負責帶領香港工商界回國內進行參觀訪問。1981年10月，我組織香港工商界前往北京、西安與山東訪問。團員有李兆基、方潤華、[56]王敏剛、[57]鄭家純、[58]何莫靜衡、[59]馮若

1981年香港工商界北京訪問團與廖承志合照，後排左三為何銘思。訪問團成員返港後，籌組培華教育基金會。

婷、[60]霍震寰、[61]楊乃舜、潘朝彥、[62]羅文斌、阮北耀、[63]劉靖之[64]及陸恭正[65]等人，訪問團在北京更獲得廖承志接見。返港後，倡議組織教育基金，支持培訓工作，這是「培華教育基金」成立的背景，「培華教育基金」的〈籌募基金啟事〉，則由我的太太陳用心撰寫。[66]

「培華教育基金」籌備委員會　籌募基金啟事

香港工商界北京訪問團，於 1981 年 10 月赴北京和西安進行參觀訪問，通過這次參觀訪問，不僅使我們重溫了我國光輝燦爛的歷史和悠久豐富的文化，也使我們了解到祖國在建設四個現代化的事業中，迫切地需要各方面的支持和協助。

訪問團在訪問期間和回港之後，曾舉行過多次討論，一致認為我們雖然居住在香港，但對祖國的「四化」也應作出貢獻。我們深切地感覺到，經濟建設必須有大量的各種專業人

才，否則經濟建設是無法鞏固和發展的。因此，人才的培養和訓練，是四個現代化的首要任務之一。基於這個原因，我們決定成立一個「培華教育基金」組織，為祖國「四化」略盡綿力。

「培華教育基金」籌備委員會由李兆基、方潤華、王敏剛、阮北耀、何莫靜衡、陸恭正、馮若婷、楊乃舜、劉靖之、潘朝彥、霍雲寰、鄭家純、羅文彬等十四人發起組織。由於祖國的幅員如此之遼闊，人口如此眾多，我們的能力卻如此之有限，因此，我們籲請關心祖國「四化」建設的社會賢達，從經濟以及其他方面積極支持這項饒有意義的工作。至於籌得的基金，將存放在香港的銀行，其利息用作國內高等院校培養、訓練大專學生。

我們對慷慨捐助此項基金的人士表示衷心感謝。鳴謝的具體辦法和基金的組織、細則容日後公佈。

「培華教育基金」籌備委員

組織培華教育基金初期，李兆基並不太積極，霍英東提議由李兆基作為頭頭，後來李兆基答應捐助500萬元，霍英東捐助200萬，王寬誠捐助200萬，並由霍震寰擔任常務委員會主席，培華教育基金也就於1982年4月創立。這些就是我的統戰工作，將社會上的人團結起來，貢獻中國。

培華教育基金成立後，我們繼續籌辦培訓班，培訓班主要在香港進行，也有在中山大學及暨南大學舉辦，到2016年，我們已經舉辦了一百期。在香港辦培訓班的好處，是可以讓學員實地瞭解掌握市場經濟的運作。培訓班的學員來自全國不同地方，有些參加早期培訓班的學員，現在已經成為國家企業家，有些則成為部級以上的官員，而世界各地都有培華的學員。

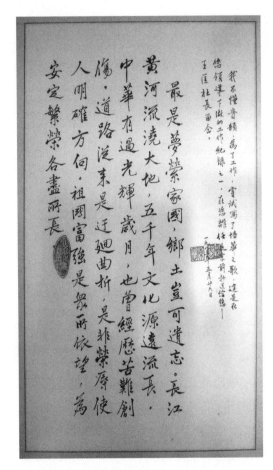

《培華之歌》，陳用心書，
1983年。

我不懂音韻，為了工作，
嘗試寫了培華之歌，這是
在您領導下做的工作紀錄
之一，在您離任返京前抄
送給您──王匡社長留念。

何銘思、陳用心（蓋章）
一九八三年五月廿六日

最是夢縈家國，鄉土豈可
遺忘。長江黃河流澆大
地，五千年文化源遠流
長。中華有過光輝歲月，
也曾經歷苦難創傷。道路
從來是迂迴曲折，是非榮
辱使人明確方向。祖國富
強是眾所依望，為安定繁
榮各盡所長。
山窮水盡疑無路（蓋章）

在培訓班開辦的初期，國內依然強調社會主義，我們便為活動加
一個標題，成為「社會主義市場經濟」。我們在香港的活動，主要是探
討自由經濟，而基本上是什麼都可以討論。初期的培訓班在香港中文
大學進行，後來我們與香港政府聯繫，廉政公署、貿易發展局及金融
經濟等部門都願意為我們的學員辦講座；很多的講題和內容都是我們
不懂的。近年我們的培訓對象是少數民族幹部。1990年代初，中華總
商會在太古城購買了數個住宅單位，解決了學員住宿的問題。

中山大學管理學院

　　廣州中山大學的管理學院是我一手辦出來的，是中華人民共和國成立後的第一間管理學院。我在1982年已生起在大學辦管理學的念頭，但當時還沒有條件進行。整個中山大學管理學院的建立過程，我都一直參與其中。首先是由王正憲教授建立經濟學系；管理學院院長魏明海教授是一位不可多得的人才，將管理學院辦得非常好。中國改革開放，推動市場經濟的時候，是需要人才的。我們發展南沙，要發展得好，便要有人才，這需要大學的支援。有了中山大學的支援，我們的發展計劃就好辦了。這就像香港沙田威爾斯親王醫院，得到香港中文大學的支援一樣。

　　中山大學的管理學院在1984年正式成立，[67]這麼快便可以成立及開展的原因，不單是因為我個人很想中國改變，而是當時很多人都是這樣想的，那不是一個人的想法！大家的願望都很清楚。雖然我沒有錢，但我有條件推動，便去進行。中國的改革大勢對很多人產生影響，何善衡的支持是主動的，沒有經過我們任何工作的，他就是願意

中山大學管理學院贈予何銘思的「感恩三十年」紀念牌，2015。

感恩三十年

何銘思顧問委員：

　　衷心感謝香港何氏教育基金三十年來一路相助，感謝您多年來一直對中山大學管理學院的關心與支持！

　　特此鳴謝，以資紀念。

中山大學管理學院
二零一五年三月

華夏基金五周年合影。前排左四為何善衡，前排左一為何銘思。恒生銀行，
1987年。

支持。他捐助數千萬元成立「何氏教育基金」，支持興辦這所學院。中
山大學將管理學院大樓命名為「善思堂」，名字來自何善衡的「善」及我
名字的「思」；2015年，中山大學還送了我一個「感恩三十年」的紀念
牌。我認為這是不需要的，我覺得我不是一個值得留名的人。

　　相信何善衡先生當時還是不太理解辦管理學院的因由，他是屬於
我們的一代人，只是很簡單的要貢獻自己的國家、支持自己的民族。
何善衡捐錢成立「何梁何利基金」來獎勵中國的傑出科技工作者，[68]他
在香港也捐助了很多教育設施，他是一位愛自己家鄉、愛自己國家的
人；他很高興可以貢獻中山大學管理學院。何善衡是很多華人的縮
影，他們不瞭解共產黨，甚至可以說是很害怕共產黨；對國內的很多
事情都不明白、不理解，兼且很徬徨，更且不願意踏足內地。我覺得
我當時的工作並沒有什麼特別之處，在那個時代，我就好像是一個車
輪，被人推着往前走。

離開新華社

我是一個比較獨立的人，自成一角；有很多事情，可以説是我自己一廂情願的去做。有一位副社長就曾經這樣提醒我：「我們還不知道將來的發展會是如何呢！」我的回應是：「那到將來再算吧！現在有條件時，我就先去做吧！」

1982年6月往北京參加一個會議，會議席上廖承志宣佈：「羅孚出賣情報，羅本人已經承認了。」[69] 我頓時百感交集，感慨在共產黨內主持統戰工作的，沒有一個會有好下場。[70] 那時我便萌生了離開新華社的念頭，我覺得政治這頓飯很難下嚥，加上我自己什麼都不懂，也沒有人際網絡。當時國內也有人反對我的工作，只是我並不太在乎。

我當時的身體不太好，主要是肺炎的後遺症，但更多的是「心病」。在該年年底，我曾向王匡請辭，雖然最後還是沒有辭職。之後由於怕被人家説我反對新領導，也沒有再提出辭職了。可是我也開始明白要自保，於是每日只幹半天工作，只辦一些實事，不看文件、不看電報、不參加會議，這樣即使是説有人洩漏秘密，也不會牽連到我的身上。

1983年廖承志去世，許家屯調任香港新華社，他是原江蘇省省委書記，他認為我們原來的統戰工作是「又左又窄」。我不能接受他的處事方式，並曾經多次與他直接爭論，我相信他是會對付我的，而那只是時間上的問題。

許家屯來了之後，我深深體會到自己沒有能力在這個政治漩渦裏逗留，自己也不知道怎樣幹下去，時刻都想着要離開。按慣例，我擔任的那些職位，工作到了60歲便要離開。那時我已經是65歲了，為什麼還不讓我離開？於是我便硬着離開，我把手上所有的工作交代妥當，把鎖匙和所有工作上的物資交還，然後聲明説：「我不幹了！」那是1988年，我正式離開新華社。我當時在新華社統戰部，也是新華社

的副秘書長。我與太太馬上遷離新華社的宿舍，搬到屯門一座高樓大廈的一個房間居住，我很感謝我的太太，她願意跟着我這樣走。

在參與中國改革的過程中，我看見中國的貪污腐敗，那真是根深蒂固、入骨入肉的；我開始感覺到改革的路不好走，我也相信自己在那個年紀已再沒有任何貢獻可言了。1989年「六四事件」之後，我公開宣佈不做共產黨員，[71] 然後離開香港，前往加拿大。我跟自己說，我完成了人生中一個很重要的階段──我可以算是不枉此生了！

改革開放的傳統

我曾經入讀的達德學院，強調「智、仁、勇」三個字，「智」就是知識，知識就是「達」；第二個字是「仁」，仁裏面包含「愛人」、包含「義」，也就是「禮義」；第三個字是「勇」，勇的意思就是對的事就要去做，不對的，就不要做。三個字中，最重要的是義理，所以孟子這樣回應梁惠王：

> 孟子見梁惠王，王曰：「叟！不遠千里而來，亦將有以利吾國乎？」孟子對曰：「王！何必曰利？亦有仁義而已矣。」

「仁義」兩個字，仁是仁愛，義是義理。

所以，簡單來說，我們要知、要瞭解情況；要有義，去愛社會、愛他人、愛自己的民族；不對的、不合情、不合理、傷害大家利益的事就不應做。我覺得無論是站在一個家庭、一個民族的立場，都應該如此。

我沒有什麼本事，學識不多，很多時候，寫文章開了頭也沒有能力繼續下去，但我堅持一個信念，就是要有中國人的道德，我沒有對不起朋友、沒有對不起國家、沒有對不起家屬、沒有傷害過別人。

刊登於《文匯報》的〈「六四」啟事〉，1989年。

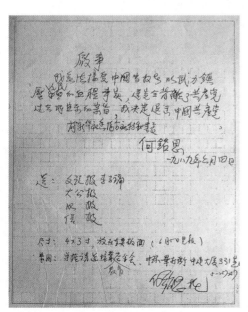

〈「六四」啟事〉手稿，1989年。

啟事

　　我無法接受中國當權者以武力鎮壓人民的血腥事實，這完全背離了共產黨過去所宣示的宗旨，我決定退出中國共產黨。

　　　　　　前新華社香港分社副秘書長
　　　　　　　　　　　　何銘思
　　　　　　　一九八九年六月四日

送：文匯報李子誦
　　大公報
　　明報
　　信報

尺寸：4 x 3寸，放在重要版面（6月5日見報）

費用：單據請送培華教育基金會，中環畢打街中建大廈331室

　　　　　　　　　　　何銘思托

中國人的傳統觀念就是家，而沒有家便沒有國，反過來説，沒有國的話，也沒有家，家國是分不開的；我稱之為「家國情懷」。[72]我要忠於自己的道德、忠於自己的理念，但絕對不是盲目的。中國垂危的時候，對我們這些普通人來説，都自然地覺得自己有一定的責任，這便是家國情懷的責任，道理就是這麼簡單。不管成功與否，我覺得我應該做的事，我便會去做。

我願意為中國的改革開放付出，從籌建中山溫泉賓館開始，跟着修橋整路，收取路費，建高爾夫球場等，這些都是資本主義社會的東西，在當時，這些都是大事。然而對我們來説，目的就是改革地方物價。廣東政府承諾我們可以進行，我們便義無反顧地開展。我們在這些活動裏面都沒有直接利益，也不知道將來的結果會是好還是壞。

中國人是一個非常奔放，而又能夠收起牽掛的民族。歷史上，數千萬人遠走東南亞；[73]150年前，美國興建橫跨東西兩岸的鐵路，華工貢獻良多，[74]可以説，每數條鐵路枕木的下面，都埋葬着一個中國人的屍體。很多人離鄉別井，但他們始終是心繫故鄉，中國人有一個特別的地方就是熱愛自己的國家，總是覺得江山如此多嬌。中國人對自己國家及文化的感性，可以是超乎想像的。抗日戰爭的時候，數以千計的海外華僑回國參加抗戰，很多人踏足故土後卻就丟了生命。更早的時候，黃花崗七十二烈士裏面，有十八、九歲的年青人，他們給家人留下信函後，便義無反顧地參加黃花崗起義，[75]黃花崗七十二烈士墓園[76]裏面，有一塊碑石是用來自加拿大卡加利的石頭刻成的。那些華僑真的是好淒涼啊！死了一個又一個，死了之後，連一張包裹屍身的草蓆都沒有；這是中國人曾經有的經歷。我們看見中國後來發生的情況，有種無可奈何的感覺，心酸——我能夠做些什麼呢？

李濟深與傅作義[77]等人，懷着家國情懷，回去建設自己的國家，李濟深是我在達德學院時的學院董事長，《文匯報》報頭的三字標題是

他題的。他們回國不是為自己個人，但結果在 1957 年，像他們一類的人，都被冷待。

改革開放是人民的要求，廣大的人民、海外的華僑，都希望改革開放。改革開放不只是由一兩位領導人決定的，那是中國人民的要求。以前根本上是做錯了，改革開放帶來了好的轉變；而改革開放的推展，是領導知道大勢所趨，順應民情。鄧小平提出改革開放，但這個觀念並不是由他開始的，這個傳統從上世紀 1950 年代一直延續到現在。改革開放的觀念有其長遠的傳統，周恩來的政策是沿着這個方向走，饒彰風有這個觀念、廖承志有這個觀念、我們也都有這個觀念。其中一位有同一觀念的是潘靜安先生。[78]1957 年我回到香港時，便認識了潘先生，他是我的領導，也是我的老師，他一直在廖承志之下工作。香港淪陷期間進行大撤退時，他成功營救了數百位文化人，將他們送離香港。[79]他是真正立了功，並得到中央的表揚。

周恩來一早就有強調改革開放的國策，對香港的政策是「長期打算、充分利用」。現在將一切改革開放的功勞都歸於鄧小平，對很多前人來說，是有點不公道的。改革開放的推行，是因為有些人看得出民意、看得到那個「勢」。香港對改革開放最熱心的是誰呢？霍英東就是一個典型。

中國開始推行改革開放時，我出任統戰部長，有機會參與在這個變化的大局中。但扭轉局勢的不是我，是「傳統」，這個傳統理念是經由周恩來、廖承志等維持、延續下來。而改革開放的傳統就一直是在民間社會裏，在廣東省裏面，只要一教導，人民就會掌握，因為那是傳統中的中國觀念。

第七章

與霍英東先生的合作

　　七十年代後期，中國開始改革開放後，我便參與推動有關改革開放的不同計劃，其中一部分計劃是與霍英東先生有關的，包括興建中山溫泉及白天鵝賓館，以及在南沙的發展計劃。霍英東先生很積極支持中國的發展，而我在統戰部的工作，也就是在香港尋找資源，支持中國的改革開放。也就是這個原因，讓我們兩個人走在一起。我與霍先生有着共同的觀念：一是中國的希望在於教育；二是中國要發展生產力，而發展生產力的話，一定要依靠科技、重視科技。我們這兩點的看法，都是很清晰的。

　　我與霍英東先生有40多年的友誼與交情，[1]最初與霍先生相處時，他會試探我，以瞭解我的為人。我與他一起出門的時候，他會安排我入住很豪華的房間。我跟他説，我不需要應酬，沒有必要住在那麼高檔的房間裏。我跟他一起去意大利羅馬參加世界足球界的大會，有些待遇真是豪華得驚人，他們有一些很特別的俱樂部，但我對這些都沒有興趣。有一次，人家送霍先生一個黃金造的足球標誌，他要轉送給我，我跟他説我不踢足球，這些東西對我來説沒有用，我並不需要。我做事的原則是「踏踏實實，不在中間抽佣；一就是一，二就是二，好就是好，不好就是不好，不應該幹的，我就不會幹」。

霍先生偶爾會給我款項支援中國發展，於是我成立了「銘源基金」，[2] 處理支援國內發展及教育工作的財務安排。最慘痛的一次經驗，是在粵北翁源幫助建設一個水電站，我以銘源基金的名義捐了一些錢。捐款是透過一位籌建水電站的員工安排，他是翁源的縣委，原來他籌款成功的話，可以獲得與籌款金額相同的獎勵。那次最大的問題是其中用來興建水電站的數十萬元被人取走了。梁威林以為我從中得到金錢利益，我非常氣憤的跟他說：「我跟隨你工作這麼長的時間，你為何還不相信我！我是銘源基金的負責人，是透過公司將錢捐出去，我沒有必要以這個方法拿錢！」那時我是銘源基金的董事長兼總經理，基金是以有限公司的形式登記，大部分的股份是在我的名下，設立基金公司的好處是可以透過公司的會計制度管理財務收支。基金運作到最後的階段，還有數以億計的現金。

霍先生有這樣的性格，有一年年底，他着人送了一袋紙幣給我，我當時沒有在意袋裏的是什麼東西，只是隨便把它放在櫃裏，後來知道了，便將錢分給夥計，因為我自己還有收入，不需要那些金錢。霍先生讓我成為霍英東公司的永遠董事，作為股東，到現在我每年都有收入，可以算是生活無憂。

紅三角地區建設

廣東韶關、江西贛州和湖南郴州，三市相連，該地又是革命老區，所以被稱為「紅三角」，那裏是我們抗日以及與國民黨進行武裝鬥爭的地方。然而該地區發展滯後，是屬於「老少邊窮」的邊緣地區，[3] 那裏的小孩最需要的是教育。我覺得自己仍然有條件，便利用銘源基金在紅三角地區建了40多間希望學校，頒發了逾300個獎助學金。[4] 希望年青一代能夠自立成才，繼而改善自己、富裕自己。2012年，我以

廣東新豐縣黃柏小學留影，1998年。前排左一：霍英東；前排左三：何銘思。

與小學生站在一起的霍英東與何銘思。韶關，2000年代初。

「可蘊基金」[5]的名義向香港理工大學、香港科技大學及香港中文大學
捐錢，讓「老少邊窮」地區的學生可以到這三所大學讀書。那不僅是為
山區的文教建設，同時是為了紀念那些用鮮血滋潤大地的烈士；[6]做人
要「有始有終」，我有能力做得到的，就去做吧！

加拿大卡加利的建設

1989年「六四事件」之後，霍先生接到北京的要求：要與我斷絕
關係。霍先生感到徬徨為難，他勸我到世界各地旅行，避開那個緊張
的時刻。最後我決定離開香港，前往加拿大阿爾伯塔省 (Alberta) 的卡
加利 (Calgary)。卡加利有很多華人，多是來自台山，其中馬姓的比較
多，所以當地也被稱為「馬家村」，我的姊夫是姓馬的。到達卡加利
後，聽取了親戚的意見，我便留了下來，但最終在卡加利也只是逗留
了數個月的時間。

很多人都誤會卡加利是一個很寒冷的地方，其實不是，因為卡
加利鄰近太平洋，受到太平洋暖流的影響。在加拿大內陸的積雪，當
回暖時，要整個月的時間雪才能融掉，但在卡加利，只需一個月或數
個星期的時間，積雪便融化了。卡加利是一個非常舒適的地方，附
近洛磯山脈，有一個名叫班夫 (Banff) 的風景區，內有路易斯湖 (Lake
Louise)，每年7、8月期間，山光水色，猶如置身仙境一樣。

我當時已經六十多歲了，覺得自己的人生道路已經差不多走完，我對
加拿大也沒有任何不切實際的幻想，但我覺得自己已經與這個時代脫節，
所以就想留下來，平時看一些自己喜愛的書，過一些輕輕鬆鬆的生活。

但霍先生對我很關心，當他知道我住在卡加利，便在我居住的大
廈裏買了一個單位，跟我住了一段時間。他希望我繼續南沙的發展工
作，但他並沒有強迫我返回香港，還設立一個加拿大教育基金，購置

了一個停車場，以停車場的收入支持我在卡加利的活動。當時停車場的市值是300多萬加元，現在的市值相信已超過6,000萬加元。

卡加利的環境，可以說是讓我有所領悟，體會到人生不外如是，何必計較？人一生可以做多少，就做多少吧！卡加利是一個新開發的城市，1989年，當我抵達時，那裏的華人正在建設他們的社區，霍先生捐錢幫助當地的一些社區建設，這也讓我有機會參與當地的建設工作。

我是屬於關心社會福利建設的那種人，在卡加利，我參與了三個建設：第一個是「中華文化中心」，[7] 當時文化中心還在籌建中，但資金有點兒短缺；第二個計劃是與卡加利大學合作的「卡加利大學霍英東國際研究社」，[8] 聽說大樓現在已經蓋好了，樓高八層，當地政府亦投放了不少資源在這個計劃中；第三個計劃是「榮基護老院」，[9] 最初建立時只有20多個牀位，近來聽說他們辦得很好，牀位已經增加至200多個，而且除了華人外，還有非華人入住。在卡加利中華文化中心裏面，有一座石雕說我是他們的顧問。

我在卡加利停留的時間雖然不足一年，但也算做了一些事情，都是因為得到霍先生的支持，我只是趁勢推行這些計劃。我覺得人的智慧是重要的，但最重要的還是「乘勢」；我有什麼資格促成這些建設呢？我只是「得把嘴」，都是霍先生的支持。

當年霍先生曾經三次到卡加利探訪我，希望我可以回香港幫助南沙的發展工作，初時我並沒有回來的意願，但最後還是答應了他。我在卡加利看見華僑的墳場，不期然的問，為何他們沒有回鄉呢？為何要死在異鄉呢？我們這一輩的鄉土觀念，與今天的年輕人很不一樣，可能我們是受到傳統的影響，覺得無論如何艱難，都要落葉歸根，不要客死異鄉。

我喜歡靜悄悄的來，靜悄悄的離開，而且對錢的興趣不大，離開加拿大時，我把霍先生給我的產業交還給他們家族。

南沙發展計劃

1989年我離開香港前往加拿大的時候，霍先生問我南沙計劃是否要繼續下去，我當時的意見是應該繼續做下去，所以我1990年答應霍先生回來香港後，便集中在南沙的工作上。[10]南沙原來是一個沙田區，是由珠江河水的泥沙堆積，以及人工圍墾而成。[11]在發展之前，南沙沒有公路，加上河涌阻隔，交通極之不方便，當地人視為荒蕪之地，稱之為「鑊底地」及「番禺的西伯利亞」。[12]

霍先生與南沙有着比較長久的淵源。他在香港從事房地產生意，需要石材作為蓋房子的建築材料，南沙雖然是由河沙堆積而成，但區內有很多由花崗岩組成的小山丘，這些本來是海中小島的小山丘後來都成為石礦場，開採石材作為建築材料；霍先生是透過「五礦公司」購買南沙的石塊。霍先生也提出在南沙發展旅遊，因為那裏是中國現代革命的肇始地，有很重要的歷史意義，鴉片戰爭時，英國人就是在這個地方與中國交戰。南沙及鄰近的東莞都還保留了數個鴉片戰爭時的炮台遺址，位於虎門出海口水道東岸的威遠炮台便是其中一個。[13]廖承志得悉霍先生提議後，便派了旅遊局局長盧緒章[14]前來幫忙，那時旅遊局局長還是有一些權力的。盧緒章曾任中國外貿部副部長，他是包玉剛的表兄。

我們選擇在南沙發展，主要是霍先生的觀點，他認為香港的發展，已經到一個極限。回歸之後，香港土地面積只有約1,090平方公里，如果要繼續發展的話，便一定要和內地結合，那是一個必然的趨勢。另一方面，他認為廣東的發展不應只停留在白天鵝賓館般的規模，應該要有所超越。

基於他對發展房地產的經驗，霍生認為地理位置是重要的考慮因素，他強調：「第一個要考慮的因素是Location（地點），第二個因素

1983年，廖承志致函盧緒章，支持霍英東的南沙建設計劃。函件內容：

緒章同志：

　　廣州旅遊事業方面，似乎到現在為止，還沒有一家談成，這樣下去不利。廣州的霍英東一項，是否無論如何爭取它能夠談成，並在今年內開始施工？

　　其他枝節問題，盼同李世浩同志詳談。

　　敬禮

廖承志
二月二十六日

是 Location，第三因素都仍然是 Location。」基於這條道理，霍先生很早便體會到南沙的重要性：南沙位處珠江口的中間點，南沙與香港結合發展，會是最佳的拍檔。他的另一個觀點是河海匯合點的地理位置優勢，特別有利大城市的發展。像倫敦及紐約等大城市，都是處於河海匯合的地方。南沙處於珠江出口，面對南中國海，連接着澳門及香港，背靠廣州市，有粵西及粵北作為腹地，是一個很有發展潛質的地方，他更認為南沙前途無可限量。

　　霍先生初期的看法是南沙有一個連繫澳門、香港及廣州的角色。透過虎門大橋，陸路交通可以將南沙與不同的地方連接起來；他當時希望可以將南沙發展成為如香港尖東[15]一樣的商貿區。他後來的看法更為廣闊，認為南沙可以成為一個連繫福建、湖南、江西，以至紅三

梁威林(中)、霍英東及何銘思南沙考察，背景為虎門大橋，1998年。

角地區的中心點。這也是我們後來召開紅三角會議的原因，目的是要在紅三角地區建立基地，帶動該地區的發展。[16]其時我們的想法很單純，認為當「老少邊窮」地區也能夠發展起來，中國便前途無量了，我們覺得應該以這種方式來支持國家，盡自己的力量為國家發揮作用。

我們還有一個很龐大的想法，就是以快速雙體船隊建立南中國沿海的水路交通網絡。雙體船從珠江口出發，可以到達湛江、北海，甚至越南，中途沿岸可以設立雙體船的上落點，形成一個以南沙為中心的海路運輸網絡。為了達到這些理想，需要進行很多配套工程。第一要有碼頭，第二要有口岸，還要有自己的船隊。我們最初請澳洲公司建造船隻，後來更自己造船，在南沙建立船廠，由霍震宇主持，他是能幹的。我們造的「南沙38」，便是由董建華剪綵。[17]

霍先生最初提出發展南沙的看法時，我並不支持；但我願意協助他進行南沙計劃。那時候我在新華社有位置，是一名部長，有些說話權，在地方上可以拍枱罵人。今天南沙有大型購物商場，成立自貿區，[18]發展直銷；但你要知道南沙是從零開始的。南沙的碼頭及商場等建設，都是經由填海造地產生的。南沙工程的第一根椿柱，是在

興建中之南沙客運碼頭，以大圓筒結構作為地基，背景為南沙天后宮之寶塔，1988 年。

1988 年打進海牀的；那根椿柱位於現在南沙酒店附近。整個南沙的基礎建設、交通配套、馬路、橋樑，都是由霍先生獨資興建，完全沒有外來的幫助。來往香港的渡輪、虎門汽車渡輪、高爾夫球場、蒲州廣場、英東中學、南沙大酒店、水鄉一條街等，都是他弄出來的。回想那個時候，真的是談何容易啊！

開始時，我們要進行很多基礎建設，但反對力量非常之大，地方亦藉機敲詐勒索。我寫的那篇有關梁柏楠的文章，[19] 文中所談的不是別人，正是霍英東先生，敍述了霍先生開發南沙的經歷，以及南沙開發區第一任書記梁柏楠如何刁難霍先生及從中獲得利益的經過，我不是一個寫文章的能手，那只是一個記錄。該篇文章在全國不同地方都被轉載，還引起了很多人對我作出批評。我們當時得不到什麼支持，我們只是人們眼中的唐僧肉，感覺周圍都是想把我們吃掉的人。那種孤立的狀況和感覺，可想而知。我現在九十多歲了，回想這些事件，覺得做人應該帶點糊裏糊塗。

發展南沙，要動員很多部門，要有相對應的政策。很簡單，例如

建立由香港往南沙的渡輪，便要有對應的海關設施。但這些都不是很困難，因為南沙是由廣州市管轄，只要廣州市委書記點頭就可以了。他看着你，管着你，你不能亂動。我們可以做的，只是付錢，派工程人員、派技術，樣樣支援搞建設，那不是什麼大不了的事情，我們只是做「戇居仔」！

所以整個南沙發展計劃的推行，可以説是單方面的，現在霍氏家族尚未能在南沙站穩，那是正常的，因為地方是要吃你的。我們要明白形勢，接受現實，通過協商來解決問題。在過程中失去一些東西，是必然的，這些都是在預計之內。但有些時候，結果並不是自己所能預計的，既然已經付出那麼多代價，縱然是沒有出路，最後也總要有個選擇，總有個是非。所以，南沙新城以及資訊科技園的建設，都是在這樣的一個過程中建立起來的。

我們認為中國需要發展高科技，我們南沙可以在這方面作出貢獻。由於香港科技大學有這方面的人才，我們也決定和香港科技大學合作發展南沙。我們找來香港科技大學的林垂宙教授幫忙，請他出任霍英東基金會有限公司的董事；我是親自去邀請他的，我和林教授有很好的關係。林垂宙找吳家瑋校長，得到他支持合作的意願，但他對我是有些顧忌的。在吳家瑋時期，我們首先捐款5,000萬元予香港科技大學，開展合作。這筆款項也成為後來該校8.5億捐款的一部分。2005年的八億元捐助，是跟朱經武校長和錢大康副校長合作的事。但在整個過程中，真正堅定和我們合作的就是林教授。後來他面對着很困難的處境，被公司裏面的人排擠，他再被迫離開「中華南沙科技企業有限公司」董事的位置，該公司是負責創設及營運南沙資訊科技園的單位，對他來説，是很沒趣的。作為一個學者，他已經事業有成，為何還要面對這些情況呢？[20]

我們這些計劃，中國政府都不用投放資源；所以對鄧小平來説，

何樂而不為呢！這是共產黨的觀念，讓你經營一段時間，你能夠賺錢，就是你的本事，虧本是正常的，但無論如何，到最後你還是要走的。失敗了，便只有拍拍屁股離開。所以後來白天鵝賓館、中國大飯店、花園大酒店都變成是政府的資產；有些是給政府中某些人吃掉了。這些現象的出現，是因為我們正處於一個變化的時代。

銘源發展有限公司

我從加拿大返港後，霍先生分批投了大筆款項給我發展南沙，數目以億元計。1999年我決定另外成立「銘源發展有限公司」，作為處理南沙計劃的工程與財務的單位。後來我決定集中處理工作，將支援內地建設與教育的「銘源基金」的現金撥到「霍英東基金」，而成為當時霍先生捐助香港科技大學的八億元。

銘源發展有限公司成立時，我是公司的董事長兼總經理，我的兒子、女兒和我一起作為股東，我擁有大部分的股權，是公司的永遠董事、是大股東。然而，我一直都覺得我不應該佔着銘源發展有限公司。2005年，銘源發展有限公司改組，更換部分股東；我主動提出將我的股份縮小至0.94%，並將原來在我及我女兒名下的股份轉給霍先生的下一代。

2006年年初，霍先生感到自己的健康有惡化跡象，在4月6日，他親自到何耀棣律師事務所，作出聲明及確認契約：「此等資金及貸款，源自本人自有資金，並且由本人自始決定由何兆銘[21]全權處理。本人謹此確認本人對該等資金及貸款之一切權益並轉贈給何兆銘，並全屬何兆銘所有。」以確認他所曾經給我的所有資金的控制權。霍生作出契約聲明時，在場的還有梁愛詩律師、霍先生的兒子及家人。之後，大家還一起拍了照，作為見證。同年10月，霍先生病情出現反

覆，我於10月17日邀集霍先生子女，宣佈霍先生曾將一筆巨款交給我，作為建設南沙之用，並規定十年之內款項只能用於南沙建設；同時「銘源發展有限公司」也改名為「霍英東銘源發展有限公司」，成員股東重組，股東包括霍生的13名子女，以及數位多年來參與南沙建設的「開荒者」。[22]

霍先生於該年10月28日去世。2007年，我辭任霍英東銘源發展有限公司董事長，交由霍生兒子霍顯強[23]接任，公司由他領導，我則成為霍英東銘源發展有限公司的永遠名譽董事。

從2006年的契約聲明內容來看，霍先生處事非常周密，契約聲明強調：第一、那些款項是他私人的，並不屬於公司的財產；第二、那些款項是完全贈予何銘思；第三、他的家人不可以反對。但這三個元素也就構成了我跟霍家後人的死結。霍先生的家人可能不明白何銘思為何會得到霍先生的高度信任，是否何銘思洗了霍先生的腦？他們認為錢是他們父親的，我沒有資格說話。那是數以億計的金錢，為何都給了何銘思？而且家人不可以反對。這樣，便形成了一個勢不兩立的形勢，後來我與霍先生的後人更發生了一連串的官司。[24]

從2007年開始，我基本上全面退出霍英東銘源發展有限公司，不再擔任董事長，什麼都不參與了。我覺得我沒有能力去處理，也不知道如何處理，我覺得自己已經與時代脫了節。現在，我只是該公司裏面的一個股東，是23個股東中的其中一個。我沒有想過我現在可以過着不用憂愁的生活，我相信這是我參與改革工作所得到的好處吧！

霍先生有一個執着，就是他真的將那些建設做到，你要取回就取回，他沒有覺得怎樣。他基本的人生哲理是：「靜悄悄的來，靜悄悄的去。」不需要炫耀；「千間房屋半張牀，萬頃良田一斗米。」一個人如何盡量地吃，一頓飯頂多也只是吃一斗米。霍先生最喜歡的食物是「大番薯」。人生的基本需要就是那麼簡單，難道我們到現在還不明白嗎？

霍英東簽署聲明確認其贈予何銘思的資金。香港，何耀棣律師
事務所，2006年4月6日。

霍英東銘源發展有限公司股東大會會後留影。前排右五為何銘
思。香港，2006年10月17日。

第八章

大潮中的水花

大江東去，浪淘盡，千古風流人物。故壘西邊，人道是，三
國周郎赤壁。亂石崩雲，驚濤拍岸，捲起千堆雪。江山如
畫，一時多少豪傑。　　遙想公瑾當年，小喬初嫁了，雄姿英
發。羽扇綸巾，談笑間，強虜灰飛煙滅。故國神遊，多情應
笑我，早生華髮。人間如夢，一尊還酹江月。

蘇軾，《念奴嬌·赤壁懷古》

對時勢的描述，蘇軾的《赤壁懷古》寫得非常透徹。他的作品用
詞優美，以詩人的角度形容赤壁之戰，考慮問題。他所說的「亂石崩
雲」，正好描述了我們所曾經歷的崎嶇環境，在亂石崩雲中激起滔天
巨浪。就如蘇東坡所說的，我被捲進這個大時代的大潮中，我不是石
頭，也不是什麼，只是一滴小水花。以前我們中國人講天、道，大自
然有一條道；社會發展也有一條道，我們人生的軌跡也是一條道。雖
然我們對很多事物都不清楚、不瞭解，但必然也是沿着那一條路走下
去，猶如蘇東坡說的「月有圓缺」，[1]人生就是「潮有漲落，月有圓缺」，
這就是道、人生的道。

　　我讀書不成，俗語是「三大害」，但也正因為讀書不成，反而可在大時代裏東拼西拼。當我年青在社會打滾的時候，希望國泰民安，希望中華民族安定、發展。我當時只有很簡單的期望，盼望每個人都可以有一個家，每日家裏都有兩頓飯；最重要的是自己可以安安樂樂，國家大事不是我要管的。年青時，經過汽車加油站，看見年青工人做加油、抹車窗的工作。我對自己說，如果我有那份工作，我便會很滿足，可以感恩了，因為我會有一個立足點，每天有吃的飯。我曾經希望在造船廠工作，雖然當時我認識我太太的家庭，陳家是經營造船廠的，但也找不到工作機會。我也曾經替人送報紙、送信，可以說我沒有什麼要求，過着簡單的生活，我便滿足了。我並不是一個要搞政治、鬧革命的人，我後來的工作、經歷都只是因為遇上了。

　　當年中國，所有的人都受到抗日戰爭的影響，在當時的境況中，只有日本人與中國人的分別。作為中國人，一切生命財產都沒有保障，只可以聽天由命，命運來到，你也沒有選擇的餘地。

　　我年青時，見過死人，看過饑餓至死的人；看見面對死亡、被抓去處死的人。有些人在臨死前仍然慷慨激昂；有些人手腳被綑綁，一條木桿穿着手腳，然後被抬出去；有些人則拚命掙扎，最後被放在一個竹籮裏，被拖出去。這些情景，歷歷在目，對我這個年青人來說，當時有的只是惶恐。然而我也在想，為何一個人那麼容易便死去？他們的爸爸、媽媽會痛心嗎？

　　我曾經跟我的兒子說，在戰場上我有很平衡的心態。縱然敵人衝到陣前數十尺的地方，要是我身體太累的話，我不管情勢如何，我都要睡一下，醒來再戰。當我們進攻，機關槍在我的頭頂發射，如果體力難支，我也會小睡片刻。然而有時候在自己毫無準備的突發情況下，則會驚慌失措，甚至失禁。在戰場上，對自己的生命是不太在乎的，如果有條件的話，可以再見；不然，那就離開吧！

潘靜安贈何銘思字，1985年

《南史》：劉凝之為人認所着履，即與之，此人後得所失履，送還，不肯復取。
又沈驎士亦為鄰人認所着履，驎士笑曰：「是卿履耶？」即與之。鄰人得所失
履，送還，驎士曰：「非卿履耶？」笑而受之。此雖小事，然處事當如驎士，不
當如凝之也。

　　志林傳本，名稱與卷數不一，或作東坡志林，宋蘇軾撰，摘錄一段。
　　一九八五年夏，偶客香港，旅中

潘靜安
六月廿八午銘思兄來敍，即以贈之　靜安又記

　　我算是非常幸運，可以先後跟隨多位我很欽佩和敬重的人士，
我相信我是走上了一條比較順暢的路，那可能是因為我廉潔、有正義
感，加上我並不熱衷政治，沒有所求，而且我是可以退下來的。我從
沒有想過我會擔任統戰部部長、新華分社副秘書長和全國政協委員。
我一直都認為自己只是一個普普通通的員工，一個普通幹部，也可能
正因為這些原因，我與霍英東先生比較合得來。

　　年青時，我只是一個懵懵懂懂的小伙子。解放前，什麼主義、
什麼新思潮的名詞都還未出現，我也不清楚共產黨是什麼意思。在抗
日戰爭時，只有一個目標，就是抗擊日軍。在我的經驗裏，國民黨很
腐敗，不與日軍對抗，但共產黨則堅決抗日。那時國民黨有一個名
為「呵呵雞」[2]的集團，幹着姦淫擄掠的壞事，幸好共產黨出動主持正
義，但國民黨卻維護「呵呵雞」，反過來追殺共產黨。

　　到現在，我對很多名詞都是不甚瞭解的，什麼叫共產主義？什麼叫社會主義？什麼叫資本主義？什麼叫「有民主」？什麼叫「普世價值」？這麼多一大堆問題，我都不知道答案，我也沒有什麼一套套理論；那些理念完全不是我們這些小人物去想的。我知道我自己不是搞政治的材料，我看見哪裏需要建設，我便在那裏出力吧！簡單來說，只要是中國人民歡喜的，我就歡喜、我就去推動！

　　我這個「香港仔」，曾經看見許多同學及領導的慘痛遭遇，所以我做不了一個虔誠的共產黨員。我年青時，只是一個愛國、愛自己民族的小伙子，現在則是一個退下來的老頭子。在一個大時代裏，我們算是盡了我們的責任。我的能力有限，所能做到的也不多。在人世間裏面，我算是經歷了不少滄桑，有自己的感覺。

　　霍先生離世前，在紙張上留字：「向何先生問好！」我很感謝他的這句話。

後記

　　我們從事人類學研究，需要到地方社會搜集資料，參與地方人的生活，嘗試從他們的視角，瞭解他們的社會與文化。在地方人士眼裏，我們都是陌生人；雖然我們會解釋研究的目的，但對方總是不太明白我們的工作。對當地人來説，他們並沒有義務接受我們，所以我們在田野裏要得到人家的接受，並不是一件容易的事。進入田野，是人類學研究入門的第一課。當然，我們會被人拒諸門外，但久而久之，被人拒絕得多了，也學會處之泰然，養成隨遇而安的心態，面皮也變得厚了。雖然如此，我們間中也會有些運氣，偶爾遇上一些有心人，願意伸出援手收留我們，讓我們可以在研究點住下來，觀察細看他們的生活，更願意把他們所知道的事都告訴我們。很自然地，我們會隨着地方社會的變化及我們研究對象的活動而修改搜集材料的方向。我們若希望進行深入的口述史訪問，必須先得到當地人接受和信任，而那往往都是在田野研究的後期。

　　能夠為何銘思先生撰寫口述史，可以説是一個偶然。2006年，我在香港科技大學有關南沙計劃的籌備委員會中認識了黃安發博士。我之所以會在那個委員會裏，只因當時蜀中無大將。後來我因為參加了南沙的霍英東研究院，間中也會與黃博士碰面。他在科大退休前，曾

經問我有沒有興趣為一位老人家做訪問，我說可以，但後來卻忘記了這個承諾。2014年他從美國回來香港，特別找上門到我的辦公室問我是否願意去為何先生做口述史。我認為做人要「有口齒」，便答應了。當時的想法是先做一下吧，也沒有想太多。回想起來，這一個美麗的偶然，讓我有一個認識何先生、學習一段與香港有密切關係的歷史的機會，實屬難得。

我聆聽著何先生的故事時，發覺他很多的經歷竟與我的一些人生經驗充滿連繫，而這些關連也令我對這個訪談更感興趣。例如何先生與我的父母都是順德人，而我媽媽也是何姓，這令我期待在何先生的故事裏，可以看到父母家鄉的一些過去。

此外，在1985及1986年，我兩次跟隨中文大學人類學系的研究團隊到粵北山區進行短期田野考察，數年前也與科大的同事和同學多次到粵北進行普及科學教育及田野考察。這些經歷讓我明白到過去的30年來，那裏的山區居民生活都沒有太大的改善。這不禁令我好奇，在上世紀的三、四十年代前的粵北，又會是什麼樣子呢？何先生在粵北的經歷又讓我知道了更多。

1939年，何先生經過流浮山前往深圳參加抗日游擊隊，而流浮山正正是我進行博士論文研究的地方。在1990及1991年，我在流浮山做研究，當時曾跟隨當地人到南沙鹿頸，也就是今天南沙資訊科技園的所在地。那時的南沙只有堤圍與稻田；我也跟他們到過羅浮的沖虛觀，並在那裏過了一個晚上，而那裏原來曾經是東江縱隊的司令部。

何先生的故事勾起我很多回憶，也補充了我很多認識上的空白。我的父親曾經告訴我他來香港的經歷，因此何先生講述抗日大形勢時也讓我想起父親離鄉別井的情景，我那刻別有感受。

我們人類學學生在進行地方社會研究時，往往發覺有關地方社會歷史的文字資料非常缺乏，於是都會找老人家做口述歷史訪問，以幫

助重組地方歷史發展過程。可以說,這本書的撰寫,正正是一個創造文字材料的過程。我每次跟何先生訪談後,都會請香港科技大學華南研究中心的同事將錄音謄寫成電腦文稿作紀錄,這是一項非常花時間的工作,為此我非常感謝胡詩銘小姐在統籌謄寫工作方面的幫忙。但無可否認,當我將何先生的說話轉成文字,再按章節主題進行文本編輯的時候,有可能改變了何先生本來說話脈絡中的含意。

何先生有豐富的人生閱歷,雖然他已九十多歲高齡,但對往事記憶猶新,述事有條不紊。然而,何先生經歷的世事和戰事錯綜複雜,我們在記錄的同時也需要搜集輔助資料,以核對人名、地名與事件名稱,在這個過程中我們得到盧惠玲小姐幫助圖書資料的搜集與核對工作,梁煒霖先生則幫助繪畫地圖。

林垂宙前副校長的支持,也是很實在的鼓勵;黃潘明珠女士在圖書館學上的專長,幫助解決了很多註釋方面的難題,她有着鍥而不捨的精神,沒有她的推動與統籌,相信很多事情都還是原地踏步,我還記得她、黃安發博士和我凌晨時分在香港科技大學咖啡店的餐桌上討論書稿的情景。這本書的面世,得到很多人的幫助與鼓勵,香港中文大學出版社甘琦社長、黃麗芬女士及彭騰女士給予了關鍵性的支持。

最要感謝的是何銘思先生,他願意跟我們分享他的人生故事,給我們另一個瞭解香港與中國歷史的角度。

廖迪生

2017 年 2 月 23 日

附錄一
何銘思先生年譜

年份	事件
1923	香港出生，祖籍廣東順德。
1928	入讀精武會幼稚園。
1929	入讀深水埗清華小學，讀至三年級。
1932	入讀喇沙書院，至七年級（當時英文書院是八年一貫制，從第八班開始，升至第一班便中學畢業）。
1934	轉往九龍華仁書院，入讀六年級。
1936	升讀四年級時（相當於現在的初中），決定離開學校，投身社會。但在日本侵華的戰爭氣氛下，漸漸明白讀書的重要性。
1940	返回內地參加「惠東寶廣東人民抗日游擊第五大隊」（東江縱隊前身），大隊司令員是王作堯（王作堯後來出任東江縱隊副司令員）。
1941	患上瘧疾，返港治療。 年底，日軍侵佔香港。何重返內地，輾轉到廣東戰時省會韶關。
1942	參加抗日戰爭「第七戰區藝宣大隊」第三中隊（簡稱「七政大」），從事文化政工工作。
1944	日軍進行湘桂戰役，「七政大」的部分人員撤離並與東江縱隊會合；何屬於第一批撤離人員。與東江縱隊會合後，何參加縱隊的「鐵流政工隊」，進行抗日宣傳活動。
1945	日軍投降，粵北的共產黨部隊開始撤退。
1946	夏秋之間，東江縱隊北撤，何被留在粵北。 何及後返回香港，參加中原劇藝社，入讀達德學院，但留校不足一年。
1947	離開達德學院，在黃煥秋老師安排下，重返粵北山區，參加粵贛湘邊縱隊。在極艱險的條件下，轉戰九連山、北山、梅嶺和翁江、北江西岸。

1949	任主力第六團營教導員，率隊南下接應進入廣州城的解放軍大部隊，解放廣州；何的部隊後被改編為廣州市公安總隊。何繼而被分配到華南分局統戰部工作。
1951	被派遣返回香港，與陳用心女士結婚。婚後不久便隻身返回廣州。
1952	太太返回廣州，二人同時在統戰部工作。
1957	被調派回香港，於新華社香港分社統戰部工作。同年，太太亦被調派回香港新華社工作，女兒及兒子同行。
1978	何原定被調派回廣東工作，但突然接獲通知赴京匯報工作，廖承志及連貫親自聽取匯報，會後任命何為港澳統戰部部長。
1980	進入北京中央黨校學習。
	新華社香港分社組織霍英東、李嘉誠、郭炳湘、陳曾熹、陳德泰、趙世曾、馮景禧、王德輝等人訪問建設初期的蛇口，成為第一批參與內地改革開放事業的香港商人。
	籌組由陳震夏捐款成立的「華夏基金會」。
	協助霍英東籌辦的中山溫泉賓館開業。
1982	協助中華總商會及香港中文大學舉辦第一屆市場經濟研討班，培訓內地領導幹部，以配合改革開放。
	成立培華教育基金會，推動培訓工作，何任基金會顧問。
	何欲離開新華社，年底向王匡辭呈，但沒有達成。
1983	協助霍英東籌辦的廣州市白天鵝賓館開業。
	出任第六屆全國政協委員。
	在政協大會期間廖承志突然逝世。
1984	為配合改革開放之人才需要，在中山大學成立管理學院。
1985	年初，何善衡匿名捐款兩千萬元成立何氏教育基金，支持中山大學管理學院的成立和運作；何銘思出任基金會主席。同年，升任新華社香港分社副秘書長。
1986	開展南沙發展計劃。
1988	年底，辭職離開新華社。
1989	6月4日晚上，與家人看「六四事件」電視直播，全家痛哭。
	6月5日在《文匯報》、《大公報》、《明報》及《信報》刊登聲明退出中國共產黨。

1989	霍英東約於6月6日接獲北京通知，要他與何斷絕關係。霍勸何出外旅行，二人後來同遊澳洲、美國、加拿大及歐洲等地，霍並請何任霍英東基金會之顧問。
	夏秋之間，何辭去「華夏基金」及「何氏教育基金」之職務。
	離港前往加拿大卡加利，打算於當地長居；霍英東先後三次到訪，邀請何返港協助他的內地建設事業，何最終同意並於1990年回港。
1992	加拿大卡城中華文化中心成立，何出任顧問。
1995	年底，何善衡女兒何慶華邀請何重新出任「何氏教育基金」的主席。
1999	成立「銘源發展有限公司」，掌94%股權，為永遠董事，職務為董事長兼總經理。
2000	以年紀大為由提出退休，霍英東給予一億元的報酬，何起初堅持不接受，後將款項存入銘源基金，支持粵北山區的希望工程。
2002	11月21日至25日，與霍英東六上南嶺。
2003	4月30日，霍英東基金會捐贈2,000萬元人民幣支持廣東抗「非典」，何以基金會顧問身份接受訪問。
2004	創辦《港人月刊》，但出版兩期之後停刊。
	6月，南沙大酒店開始營業，成為第一任總經理。
2005	銘源發展有限公司改組，更換部分股東，何提出將他所持股份數量由94%縮減至0.94%。
	霍英東基金會捐贈八億港元予香港科技大學，支持科大策略發展及於南沙發展教研基地。
2006	霍英東感到自己身體健康可能惡化，4月6日親到何耀棣律師事務所簽署聲明及確認契據，確認他給予何的資金及貸款，全屬何所有。
2007	9月，辭任霍英東銘源發展有限公司董事長，該職位由霍英東兒子霍顯強接任。
2012	捐款予香港中文大學、香港理工大學及香港科技大學成立「可蘊基金獎學金」，頒發予來自紅三角地區(廣東韶關、江西贛州及湖南郴州)的學生。
2016	太太陳用心女士離世。

附錄二
何銘思先生著作書目

1989　〈退出中國共產黨聲明〉,《大公報》,6月5日,第6版;《文匯報》,
　　　6月5日,第11版;《明報》,6月5日,第2版;《信報》,6月5日,第
　　　2版。

　　　〈華革會昨舉行集會聲討北京血腥暴行〉,《大公報》,6月8日,第6版。

1990　〈新華社高官談許家屯〉,《當代時事周刊》,第25期,頁4–6。(文章
　　　收入何銘思著:《家國情懷》。香港:明報出版社有限公司,2005,頁
　　　1–7。文章題目改為〈我首次公開發表的文章:許家屯其人其事〉。)

1993　〈一個退黨黨員的心跡〉之一〈我應該有申辯的權利〉,《信報》,6月28
　　　日,第7版。

　　　〈一個退黨黨員的心跡〉之二〈許家屯挫傷了香港的「土共」班子〉,《信
　　　報》,6月29日,第28版。

　　　〈一個退黨黨員的心跡〉之三〈許家屯處處針對「廣東幫」〉,《信報》,6
　　　月30日,第26版。

　　　〈一個退黨黨員的心跡〉之四〈錯誤政策令香港左派孤立無援〉,《信
　　　報》,7月1日,第33版。

　　　〈一個退黨黨員的心跡〉之五〈愛國商人在文革期間步步為營〉,《信
　　　報》,7月2日,第30版。

　　　〈一個退黨黨員的心跡〉之六〈新形勢下老朋友的憧憬與失望〉,《信
　　　報》,7月3日,第34版。

　　　〈一個退黨黨員的心跡〉之七〈許家屯把老朋友當作敵人〉,《信報》,7
　　　月5日,第18版。

　　　〈一個退黨黨員的心跡〉之八〈被批為「一左二窄」悍將的因由〉,《信
　　　報》,7月6日,第22版。

　　　〈一個退黨黨員的心跡〉之九(完)〈香港的統戰工作早已開展〉,《信
　　　報》,7月7日,第23版。

1994　〈點滴回憶〉，載廣東話劇研究會《鳴鏑篇》編委會編：《鳴鏑篇：廣州鋒社話劇團的戰鬥歷程》。廣州：廣東話劇研究會，頁 286–289。

1996　〈達德精神〉，2月23日。（文章收入《家國情懷》，頁 56–61。）

1997　〈回憶何善衡先生的高風亮節〉，《信報》，12月11日，第24版。

1998　〈《改革開放二十年：我的參與》編後語〉，載霍英東著：《改革開放二十年：我的參與》。香港：霍英東基金會。

　　　詩：〈不要忘記〉（收入《家國情懷》，頁 263。）

　　　〈做特區公務員難，做特首更難！〉，《信報》，3月23日，第8版。

　　　詩：〈把青春留下來〉（收入《家國情懷》，頁 264。）

1999　〈給梁愛詩——讓他們去玩吧！〉，《大公報》，3月5日，第A8版。

　　　〈珠江三角洲有可能坐失當前的黃金機遇〉，《信報》，6月7日，第16版。

　　　〈清末以來沒有容得下私人大企業的發展〉，《信報》，6月8日，第9版。

　　　〈港澳同胞與華僑的愛國情懷〉，《信報》，6月9日，第29版。

　　　〈霍英東的南沙夢〉，《信報》，6月10日，第26版。

　　　〈地方保護主義和宗族主義對現代化的影響〉，《信報》，6月11日，第15版。

　　　〈我與余叔韶的半世紀情緣——讀《與法有緣》後感〉，《加華報》，8月6日。

2000　〈薪火相傳——悼李門〉，《大公報》，6月3日，C3版。

　　　〈深切懷念潘靜安先生〉，《大公報》，7月25日，A09版。

2001　〈無所適從的特區政府〉，《信報》，1月16日，第13版。

　　　〈重大問題不應糊塗〉，《信報》，1月17日，第34版。

　　　〈廣州南沙〉（收入《家國情懷》，頁 134–138。）

　　　〈香港不能沒有珠江三角洲〉，《信報》，11月9日，第11版。

2002　〈認識南沙〉，《南沙海濱新城》，創刊號（4月）。

　　　〈二十周年感言〉，載劉靖之、何卓樺，謝志平編：《香港培華教育基金二十周年紀念特刊》，香港：香港培華教育基金有限公司，頁 46–47。

　　　〈建立紅三角經濟圈時機成熟了〉，《青年文學》，10月號。

　　　〈嶺南音韻傳北美〉，載雷煜植等編：《加拿大卡城中華文化中心十周年特刊》，卡加利：加拿大卡城中華文化中心，頁 24。

　　　〈南沙大酒店封頂慶典致辭〉，《南沙海濱新城》，10月號。

　　　詩：〈紅三角〉（收入《家國情懷》，頁 265–266。）

　　　歌詞：〈紅三角，新一代〉（收入《家國情懷》，頁 267–268。）

2003 〈昨歲插柳機緣巧合、今春捐贈再添愛心〉，《南沙海濱新城》，5月號。

〈廣旅為何竟淪落到遭清盤境地〉，《信報》，6月30日，第30頁。

〈對興建港珠澳大橋的不同意見〉，《大公報》，8月11日，第A8版。

〈南沙大酒店建設與展望〉，《南沙海濱新城》，9月號。

〈粵港傳媒關注「紅三角」——答記者問〉，《南沙海濱新城》，10月號。

〈路從實際鍛煉中走出來〉，《南沙海濱新城》，10月號。

2004 創辦《港人月刊》。

〈真正的知識分子——千家駒〉，《港人月刊》，第1期，頁32。

〈彭定康到底走了沒有？〉，《港人月刊》，第1期，頁4–7。

〈厲兵秣馬，迎接大酒店開業〉，《南沙海濱新城》，3月號。

〈不要再用「六四」把自己裝扮成愛國者〉，《港人月刊》，第2期，頁69–71。

〈停辦《港人月刊》的原因〉，《港人月刊》，第2期，頁78。

〈走向未來〉，《南沙海濱新城》，4月號。

〈梁柏楠的南沙發跡和霍英東開發南沙的艱難〉，《信報》，8月16日，第23頁。

〈「夢裏不知身是客」：霍英東幾乎被人趕走〉，《信報》，8月17日，第11頁。

〈偏重說教，易出偽君子〉，《信報》，8月18日，第13頁。

〈黨政租金太高：唯有政改才有出路〉，《信報》，8月19日，第12頁。

〈祖國會富強：可能霍英東是對的〉，《信報》，8月20日，第17頁。

《何銘思與紅三角》，銘源基金駐韶關辦事處編。香港：香港銀河出版社。

2005 《家國情懷》，香港：明報出版社有限公司。

〈反法西斯戰爭勝利60周年——中國是「勝利」國家嗎？〉，《信報》，8月30日，第15頁。

2006 〈霍英東開發南沙曲折路〉（與何博傳合撰），《明報月刊》，41卷，第12期，頁23–37。

2007 〈給南沙海濱新城建設員工的信——回顧與希望〉，《南沙海濱新城》，1月號，頁1–3。

〈薪火相傳、永葆青春〉，載彭思梅：《香港培華教育基金25周年紀念特刊》。香港：香港培華教育基金，頁34–35。

2015 《我們這一輩》，出版人：符冰。

附錄三
新華通訊社香港分社的職能與演變

　　新華通訊社香港分社於1948年成立，為中國共產黨駐港的新聞機構，主要對外發佈新華社的新聞稿。1949年，中華人民共和國成立，新華社始成為官方的新聞機構——國家通訊社——新華通訊社香港分社成為中國的國家通訊社駐港新聞機構。

　　1950年，英國宣佈承認中華人民共和國的政權。當時周恩來向英國提出，效法國民政府，在香港設立官方代表機構；惟港英政府為保障其殖民地的管治利益，提出反對，建議設立總領事館。中華人民共和國認為，設立總領事館就是承認香港為英國的殖民地。幾經交涉不果，於是沿用中華人民共和國建國前的做法，透過新華通訊社香港分社進行中國政府與港英政府之間的聯繫，處理中英兩國的關係，作為中港兩地重要的溝通橋樑，涉及的事務包括香港的工運、左派組織、中資勢力、邊境管理、主權移交談判等。從而成為中國政府駐港的代表機構，擔任中國駐港最高事務機構的角色。

　　1960年代後期，港英政府的政治顧問負責與新華通訊社香港分社聯繫。1970年代後期至香港主權移交之前，歷任總督每年都出席新華通訊社香港分社舉行的國慶招待會。1980年代的香港新華社是中國主管香港事務的專責部門。

1997年，香港主權移交中國，新華通訊社香港分社繼續履行中國政府賦予的職責。1999年7月2日，香港《政府憲報》公佈新華通訊社香港分社為中央人民政府在香港特別行政區設立的機構之一。12月28日，國務院第24次常務會議決定，新華通訊社香港分社正式更名為中央人民政府駐香港特別行政區聯絡辦公室（簡稱中聯辦），原新華通訊社香港分社港島辦事處、九龍辦事處和新界辦事處也分別更名為中央人民政府駐香港特別行政區聯絡辦公室港島工作部、九龍工作部和新界工作部。中央人民政府同時賦予中聯辦五項職責，包括聯繫外交部駐香港特別行政區特派員公署和中國人民解放軍駐香港部隊；聯繫並協助內地有關部門管理在香港的中資機構；促進香港與內地之間的經濟、教育、科學、文化、體育等領域的交流與合作，聯繫香港社會各界人士，增進內地與香港之間的交往，反映香港居民對內地的意見；處理有關涉臺事務；承辦中央人民政府交辦的其他事項。

早期的新華通訊社香港分社位處尖沙嘴加拿芬道26號，其後遷往灣仔霎西街5號，1960年代後期，遷至跑馬地皇后大道東387號，2001年起，遷至西環干諾道西西港中心。

歷任新華通訊社香港分社社長：

1. 喬冠華（任期：1947年5月至1949年）
2. 黃作梅（任期：1949年至1955年）

    李沖（1955年至1957年，以分社總編輯身份暫代社長職責）

    祁烽（1957年至1959年，以副社長身份代理社長）
3. 梁威林（任期：1959年10月至1978年7月12日）
4. 王匡（任期：1978年7月12日至1983年5月19日）（第一社長）

    李菊生（任期：1978年至1984年）（第二社長）
5. 許家屯（任期：1983年6月30日至1990年1月）。

6. 周南（任期：1990年1月15日至1997年7月）

7. 姜恩柱（任期：1997年7月至2000年1月）

參考資料

Ching Cheong. "China's Administration over Hong Kong: The New China News Agency and the Hong Kong-Macau Affairs Office." In *The Other Hong Kong Report, 1996*, edited by Nyaw Mee-kau and Li Si-ming, pp. 111–128. Hong Kong: The Chinese University Press, 1996.

Burns, John P. "The Role of the New China News Agency and China's Policy Towards Hong Kong." In *Hong Kong and China in Transition*, pp. 17–60. Toronto: Joint Centre for Asia Pacific Studies, 1994.

中央人民政府駐香港特別行政區聯絡辦公室，網頁：http://big5.locpg.hk/gate/big5/www.locpg.hk/zjzlb/2014-01/04/c_125957081.htm，擷取日期：2016年5月3日。

許家屯著：《許家屯香港回憶錄》。香港：香港聯合報有限公司，1993。

陳敦德著：《香港問題談判始末》。香港：中華書局，2009。

陸恭蕙著：《地下陣線：中共在香港的歷史》。香港：香港大學出版社，2011。

新華社新聞研究所編：《新華社回憶錄》。北京：新華出版社，1986。

〈新華通訊社香港分社〉，維基百科，網頁：https://zh.wikipedia.org/wiki/新華通訊社香港分社，擷取日期：2016年5月3日。

葉茂之、劉子威著：《中國國安委：秘密擴張的秘密》。臺北：領袖出版社，2014。

劉雲萊著：《新華社史話》。北京：新華出版社，1988。

註釋

導言

1　有關新華社的基本情況，見本書附錄3：新華通訊社香港分社的職能與演變。

2　參看Nigel Rapport and Joanna Overing, *Social and Cultural Anthropology: The Key Concepts* (New York, NY: Routledge, 2000), pp. 3–11; Webb Keane, "Self-Interpretation, Agency, and the Objects of Anthropology: Reflections on a Genealogy," *Comparative Studies in Society and History*, Vol. 45, No. 2 (2003), pp. 222–248.

3　見本書附錄2：何銘思先生著作書目。

4　有關港澳工作情況的討論，參看金堯如著：《金堯如：香江五十年憶往》（香港：金堯如紀念基金，2005），頁110–119。

5　許家屯著：《許家屯香港回憶錄》（臺北：聯經出版事業公司，1993）。

6　參看Frank Welsh, *A Borrowed Place: The History of Hong Kong* (New York: Kodansha International, 1993)；John M. Carroll, *Edge of Empires: Chinese Elites and British Colonials in Hong Kong* (Cambridge, Mass.: Harvard University Press, 2005); Christopher Munn, *Anglo-China: Chinese People and British Rule in Hong Kong, 1841–1880* (Richmond, Surrey: Curzon, 2001)。

7　中共廣東省委黨史研究室編：《香港與中國革命》（廣州：廣東人民出版社，1997）。

8　前國務院港澳事務辦公室主任及前香港基本法起草委員會副秘書長魯平

有相同的觀點。見魯平口述，錢亦蕉整理：《魯平口述香港回歸》（香港：
三聯書店〔香港〕有限公司，2009），頁5。

9　見本書附錄3：新華通訊社香港分社的職能與演變。

10　Thomas Hylland Eriksen, *Ethnicity and Nationalism: Anthropological Perspectives* (London; Boulder, Colo.: Pluto Press, 1993).

11　參看 Donald A. Ritchie, *Doing Oral History* (New York: Twayne Publishers, 1995)。

12　參看 Bruce Jackson, *Fieldwork* (Urbana: University of Illinois Press, 1987), pp. 63–104。

第一章

1　生肖屬狗的年份是1922年。

2　樓宇現址是汝洲街192及194號。

3　廟內有一尊刻有「三太子爺」之光緒二十四年(1898)鐵鐘，相信廟宇建於
該時，是香港唯一一間以哪吒為主神的廟宇；三太子廟左鄰為北帝廟，
兩廟內相通。傳說區內曾發生瘟疫，客籍居民從廣東惠陽迎接三太子神
像回來，並安排神像巡遊社區，驅除瘟疫。

4　逼迫筒是小朋友自製的射擊玩具，以約15厘米長的幼小竹枝製成，可以
紙粒或植物種子充當子彈來作射擊遊戲。

5　有關香港傳統神誕儀式活動，參看廖迪生著：《香港天后崇拜》（香港：三
聯書店〔香港〕有限公司，2000）。

6　九龍深水埗原是農村地區，昔日海邊深水處曾有一碼頭，故有深水埗之
名，「埗」即碼頭之意。「黃耀東」為早期深水埗區之著名商人和地主。
見古物諮詢委員會，〈1444幢建築物以外已評估的新項目簡要〉，網頁：
http://www.aab.gov.hk/historicbuilding/cn/N107_Appraisal_Chin.pdf，擷取日
期：2016年5月3日。

7　在現大埔道與石硤尾街交界位置，從前有一間名為「東盧」的花園別墅，
業主是黃耀東。「東盧」原址後來建成了今天的「東盧大廈」。梁炳華：《深
水埗風物志》（香港：深水埗區區議會，2011），頁56。

8　深水埗至中環的渡海小輪，1924年開始由油蔴地小輪營辦，日治時期仍
提供有限度服務。見陳志華、李青儀、盧柊泠、黃曉鳳：《香港海上交通
170年》（香港：中華書局〔香港〕有限公司，2012），頁45、137–138；香
港油蔴地小輪船有限公司著：《香港油蔴地小輪船有限公司七十週年》（香
港：香港小輪(集團)有限公司，1993），頁12、32、33。

9　有關1930年代香港華人織造業的情況，參看香港華商織造總會編：《香港
　　華商織造總會十週年紀念大會專號》(香港：香港華商織造總會十週年紀
　　念籌備委員會，1941)；另見工商日報編輯部編：《香港華資工廠調查錄》
　　(中國：工商日報營業部，1934)，頁20。

10　深水埗軍營於1927年建成，其東起欽州街，西至東京街，北面為長沙灣
　　道，南臨當時的海邊。1941年12月日軍侵佔香港，日軍將軍營改為囚禁
　　戰俘的集中營。見梁炳華著：《深水埗風物志》，頁105–107。

11　潘朝英(1915–1987)，廣東順德人。畢業於北平輔仁大學，後赴美國留
　　學，獲政治學碩士學位、國際公法博士學位。曾於美國多家大學任教，
　　回國後，曾任《益世報》社長。見鄭會欣編註：《董浩雲日記》(香港：中
　　文大學出版社，2004)，頁424；劉國銘主編：《中國國民黨百年人物全
　　書》(北京：團結出版社，2005)，頁2416。

12　1927至1928年間國民黨要清除黨內的一些政治運動和組織，但重點是清
　　除黨內的中國共產黨黨員。見李雲漢著：《從容共到清黨》(臺北：中國學
　　術著作獎助委員會，1966)。

13　在珠江三角洲地區，「大天二」是指「土匪」及「惡霸」等地方勢力的領袖。
　　Helen F. Siu, *Agents and Victims in South China: Accomplices in Rural Revolution*
　　(New Haven: Yale University Press, 1989), pp. 88–115.

14　曹善允(1868–1953)是廣東香山人，澳門出生。於英國修習法律，獲執
　　業文憑後在香港發展，自設「曹善允律師樓」。曹善允亦致力社會公益，
　　興學育才，曾參與創辦聖士提反男校、聖士提反女校、香港大學、香港
　　孔聖講堂等。見劉智鵬、劉蜀永著：《屯門》(香港：三聯書店〔香港〕有
　　限公司，2012)，頁70；曹克安著：《家居香港九十年》(臺北：星島出版
　　社、香港：星島有限公司，1986)，頁2–4。

15　「師爺」是律師樓裏的一個特別職位，主要職責是接觸聯繫客人。

16　1931至1936年間，以上海花紗市場為例，棉紗價格與原棉價格之波動經
　　常是背馳的，棉紗價格自1931年起回落，直到1936年下半才止住。見
　　陸興龍：〈1930年前後上海棉花價格變動及對棉紡業之影響〉，《江漢論
　　壇》，第12期(2006)，頁95。

17　Underwood打字機被視為第一台成功的摩登英文打字機，由一家紐約公
　　司生產。"Underwood Typewriter Company"，網頁：https://en.wikipedia.org/
　　wiki/Underwood_Typewriter_Company，擷取日期：2016年5月3日。

18 樓宇現址是桂林街220號。

19 巴金（1904–2005）寫作的三部小說：《家》、《春》、《秋》，亦稱為《激流三部曲》。故事講述一個封建家族的衰亡，描述年輕一代如何擺脫封建禮教的枷鎖，爭取自主。見陳丹晨著：《巴金全傳（修訂版）》（北京：人民文學出版社，2014），上卷，頁100–107、192–194、205–206。

20 現址大概是在彌敦道380號，該地後建成普慶戲院，1980年代拆卸，現在是逸東酒店。但據《香港年鑑，一九三四年》，「九龍精武」學校的地址是彌敦道448號。見香港年鑑社編：《香港年鑑，一九三四年》（香港：香港年鑑社，1934），第14章教育篇，頁8。

21 樓宇現址是基隆街258號。

22 這句經文在《宗徒信經》中的中文翻譯是：「我信全能的天主父，天地萬物的創造者。」《常用經文目錄》，網頁：http://www.catholicworld.info/prayerchinese/，擷取日期：2016年9月3日。

23 他的全名是Brother Aimar Sauron，見"History of La Salle College"，網頁：http://www.lscoba.com/sub_cat.php?catid=3&subid=22，擷取日期：2016年5月3日。

24 1921年，林海瀾從星加坡來港後與徐仁壽共同創立華仁書院，他曾擔任香港及九龍華仁書院的校長，幾達30年。1924年，華仁書院設九龍分校，原址在九龍砵蘭街，奶路臣街新校於1928年初落成啟用，林海瀾於1932年9月1日開始任九龍分校校長。見華仁書院（Wah Yan College, Hong Kong）網頁："Stories of WYHK" http://web.wahyan.edu.hk/index.php/stories-of-wyhk，擷取日期：2016年5月3日；Tang, Chi Ching, *Prominent Persons of Hong Kong & Macao* (Hong Kong: Hong Kong Associated Press, 1955), p. 47.

25 金聲戲院是1930年代廣州的著名戲院，由朱蔭橋、朱家藩等一批廣東台山籍的美國歸僑建立。1932年以招股集資形式興建，1934年開業。戲院的英文名Grand Theater，意即「大戲院」，以放電影為主，也有粵劇、歌舞及雜技等演出。〈老影院歲月如歌〉，《廣州日報》，2007年3月2日，第B06版。

26 王人美（1914–1987），湖南瀏陽人。1920年代後期先後加入中華歌舞團與明月歌舞團，1930年代初，加入聯華影業當電影演員，抗日期間，參與演出《保衛盧溝橋》、《孔雀膽》等話劇。見王人美著：《我的成名與不幸：王人美回憶錄》（上海：上海文藝出版社，1985）。

27 金焰（1910–1983），原名金德麟，祖籍韓國，兩歲隨父移居中國，1928

年參加田漢主辦的南國藝術劇社演出話劇，1929年從影。見張駿祥、程季華主編：《中國電影大辭典》（上海：上海辭書出版社，1995），頁476。

28 高占非，原名高執歐(1904–1969)，生於天津。早年就讀於保定軍官學校。先後主演了近百部影片，當中包括抗日電影。見張駿祥、程季華主編：《中國電影大辭典》，頁283。

29 胡春冰(1906–1960)，紹興人。畢業於北京師範大學。1920年代後期在廣州協助籌辦廣東戲劇研究所。1937年，成為廣東省戲劇界代表大會之理事，1938年參與大型革命歷史話劇《黃花崗》之創作與演出；1949年定居香港。見賴伯疆著：〈道路坎坷的戲劇家胡春冰〉，載《香港文化歷史名人傳略》（第一卷）（香港：名流出版社，1999），頁285–291。

30 荔枝角海灣位於現今美孚新邨的位置。

31 1936年，南華體育會的麥偉明奪得渡海泳冠軍，他是首位奪標的華人男泳手。見潘淑華、黃永豪著：《閒暇、海濱與海浴：香江游泳史》（香港：三聯書店〔香港〕有限公司，2014），頁92。

32 有關達德學院的討論，見第三章。

33 樓宇現址是鴨寮街187號。

34 錫昌盛船廠的東主是陳秩和，也即是陳仲芳的父親，何銘思的岳父，根據「東義造船業總商會」之網上資料，在1960，他是三位主席之一。見〈東義造船業總商會〉，網頁：http://www.ntgcc.org.hk/hk/subpage.php?mid=47，擷取日期：2016年5月3日。

35 「大來輪」行走香港與澳門之間，1949年下水，該輪長198呎，闊36呎，載重700噸，可載客1,000名，亦設有三個載貨倉，平常航速13海里。見〈大來輪船下水典禮〉，《華僑日報》，1949年12月21日，第1張，第4頁。

36 陳汝仁於1961年在香港海事處任職驗船主任，1983年擢升為副署長，1984年接任為海事處處長。〈陳華碩出掌懲教署、陳汝仁任海事處長〉，《華僑日報》，1984年9月13日，第6張，第4頁。

第二章

1 1931年「九一八事變」，日軍攻佔中國東北，蔣介石實行「攘外必先安內」的政策，提出在驅逐日軍之前，必須先剿滅共產黨。見徐中約著，計秋楓、徐慶葆譯：《中國近代史》（香港：中文大學出版社，2001），頁552。

2 1936年12月12日，國民黨兩大統帥張學良及楊虎城在西安發動兵變，將蔣介石囚禁，逼其改變剿共的主張，轉而抵抗東三省的日軍。見《中國近代史》，頁567。

3 在1937至1945年日軍侵華期間，國民黨與共產黨進行政治合作，是繼1923–1927年國民黨「聯俄容共」政策後的另一次合作。見《中國近代史》，頁594–595。

4 1937年7月初，駐華北日本軍隊於北平郊外蘆溝橋一帶演習，以搜尋失蹤士兵為由，要求進入宛平縣城調查，遭中方拒絕後，日軍旋即攻佔宛平城，正式入侵中國，揭開八年抗戰的序幕。見《中國近代史》，頁589。

5 1936年10月31日為慶祝蔣介石50歲生日，國民政府於南京機場舉行獻機祝壽典禮；及後世界各地華僑都有捐獻飛機支持抗日之活動。朱匯森編：《中華民國史事紀要初稿》（臺北：國史館，1988），頁835–842；孫修福著：《華僑捐款支援祖國抗戰問題》，載華僑協會總會編：《華僑與抗日戰爭論文集》（臺北：華僑協會總會，1999），頁74–102。

6 參看蔡榮芳著：《香港人之香港史》（香港：牛津大學出版社，2001），頁173–227。

7 學校位於彌敦道612號，見《香港年鑑：一九三四年》，第14章教育篇，頁8。

8 〈本港學賑會歡送武漢合唱團〉，《大公報》，1938年11月20日，第2張，第6版。

9 「流亡三部曲」是抗戰時期一組膾炙人口的愛國歌曲，激勵民眾抗日發揮了重要作用。三部曲第一部《松花江上》由張寒暉創作；第二部《流亡曲》及第三部《復仇曲》，由劉雪庵創作。中國藝術研究院音樂研究所《中國音樂詞典》編輯部編：《中國音樂詞典》（北京：人民音樂出版社，1984），頁373。

10 何安東（1906–1994）先後於廣州嶺南附中及培正中學任教。1930年代參與抗日歌詠運動，曾編寫大批抗日歌曲。見〈何安東紀念，粵港音樂結緣，2001–07–08〉，《黎鍵手稿》，CUHK Archival Collection，網頁：http://archives.lib.cuhk.edu.hk/repositories/5/archival_objects/169399，擷取日期：2016年5月3日。

11 黃自（1904–1938），江蘇川沙人，1924年於北京清華大學畢業；後來赴美留學，修讀音樂課程。1930年代，先後任教於上海滬江大學、上海國立音專。九一八事變後，創作以抗日為題材的歌曲。見劉美燕著：《黃自研究》（臺北：樂韻出版社，1984），頁13–15。

12　虹虹歌詠團於1939年2月在香港成立，宣傳抗日精神，團員以青年為主，亦是中共在香港宣傳革命的文化宣傳團隊。1949年被港英政府列為非法組織，並於1950年初停辦。見廣東青運史研究委員會研究室編：《青春進行曲：回憶香港虹虹歌詠團》(廣州：廣東人民出版社，1988)。

13　基督教青年會於1901年在香港創立，1911年正名為「香港中華基督教青年會」。抗日期間，積極回應中國發起的救亡運動，包括舉辦徵集戰士慰勞袋運動、一碗米運動、節約建國儲蓄運動、國難禮拜、香港學生救濟會等活動。見香港中華基督教青年會著：《香港中華基督教青年會九十周年會慶特刊》(香港：香港中華基督教青年會，1991)；會史特刊委員會著：《香港中華基督教青年會會史1901–2012》(香港：香港中華基督教青年會，2013)。

14　基督教女青年會全國委員自1915年起向香港各基督教女子中學推動學生青年會工作，對象包括英華女校、聖士提反女校及聖保羅女校等；1920年在香港創立基督教女青年會。香港淪陷期間，仍舉辦各類補習班、學術講座、救護傷亡、靈修證道等。見黃玉梅著：《香港基督教女青年會史1920–1988》(香港：出版社缺，1988)。

15　盧敦(1911–2000)，廣東新會人，是演員、編劇，也是導演。抗日期間，與吳楚帆、白燕、梅綺等組成「明星話劇團」，參與演出國語話劇。見〈影劇元老盧敦病逝〉，《文匯報》，2000年5月24日，娛樂新聞版；盧敦著：《瘋子生涯半世紀》(香港：香江出版社，1992)。

16　吳楚帆(1910–1993)，天津出生，曾參與拍攝逾200部電影，包括多部抗戰片。他在《生命線》電影中主唱主題歌《不堪重睹舊征袍》，內容講述入伍從軍，保衛中華國土。見吳楚帆著：《吳楚帆自傳》(臺北：龍文出版社，1994)，頁19–20。

17　薛覺先(1904–1956)，廣東順德人，著名粵劇老倌。抗日時在廣西玉林、梧州、貴縣、桂林、柳州等地演出，將所得除伙食費外，全部捐作抗戰費用。吳庭璋著：《粵劇大師薛覺先》(廣州：廣東人民出版社，2006)。

18　馬師曾(1900–1964)，廣東順德人。早年於廣州太平春教戲館學戲，先後加入不同的劇團，後組織大羅天劇團。香港淪陷後，他帶領全家逃難，潛入澳門再轉輾到湛江，再前住廣西，沿途演出宣傳抗日救國，義演義唱募捐來支援前線抗戰。見〈馬師曾〉，網頁：http://baike.baidu.com/view/167263.htm，擷取日期：2016年5月3日；吳炯堅、吳卓筠著《粵劇大師馬師曾》(廣州：廣東人民出版社，2005)。

19 海員工會前身為中華海員工業聯合總會，1921年於香港成立，曾發動海員大罷工及參與省港大罷工，1927年被港英政府查禁。1937年春，日軍對華威脅日盛之際，香港海員重組工會，易名為「香港海員工會」。見《歷史記得光榮的海員》編輯委員會著：《歷史記得光榮的海員：香港海員工會九十年》(香港：香港海員工會，2014)；蔡榮芳著：《香港人之香港史》(香港：牛津大學出版社，2001)，頁109–119。

20 洋務工會於1921年成立，主要是由服務洋人或外資公司的工人組成。洋務工會同樣曾參與海員大罷工及省港大罷工，1927年被勒令停辦，1935年改以「餘閒樂社」為名於香港註冊，團結工人抗日救國。見香港洋務工會會史組著：《洋務工會簡史 (二稿)》(香港：香港洋務工會，1991)。

21 餘閒樂社由中國共產黨員組成，透過慈善及文娛活動團結海員參與抗日救國行動，曾壽隆與多名失業海員於1935正式設立總部，成員由初時的一、二百名人，至1937年增至逾1.7萬人；亦出版《餘閒》等刊物宣傳抗日。見曾生著：《曾生回憶錄》(北京：解放軍出版社，2001)，頁73–78。

22 「港九酒樓茶室總工會」於1920年發起組織，1938年出版《酒樓月刊》，創刊號強調應視《酒樓月刊》為「救亡工作的會議場所」。楊國雄著：《舊書刊中的香港身世》(香港：三聯書店〔香港〕有限公司，2014)，頁138。

23 全名為「香港學生賑濟會」，由香港大學及多所中學的學生代表組成，於1937年成立，工作是團結學生參與救國，進行宣傳、籌款及募捐物資等活動。見陳敬堂著：《寫給香港人的中國現代史：從西安事變到新中國成立》(香港：中華書局，2014)，頁73–78；另見廣東青運史研究委員會研究室編：《香港學運的光輝》(廣州：廣東人民出版社，1992)；曾建昭著：《抗戰時期香港學生賑濟會活動簡記》，載中共廣東省委黨史研究室編：《香港與中國革命》(廣州：廣東人民出版社，1997)，頁85–94；梁柯平著：《香港學生的抗日救亡運動》，載陳敬堂、邱小金、陳家亮編：《香港抗戰：東江縱隊港九獨立大隊論文集》(香港：康樂及文化事務署，2004)，頁55–73。

24 關德興 (1905–1996)，另名新靚就，廣東開平人。抗日期間組織粵劇救亡服務團到廣東、廣西、湖南等地義演，宣傳救國。見岳清著：《烽火梨園：1938至1949年香港粵劇》(香港：一點文化有限公司，2005)，頁27–30；關德興的一生編輯委員會著：《愛國藝人：關德興的一生》(香港：關德興的一生編輯委員會，1996)；〈本港學賑會歡送武漢合唱團〉，《大公報》，1939年8月29日，第2張，第6頁。

25　張炎(1902–1945)，廣東湛江人，國共第一次合作時參軍北閥，後為十九路軍成員，1933年11月十九路軍領導蔣光鼐與李濟深等發動「福建事變」，張炎參與其中，事敗後十九路軍被解散。日軍全面侵華後，張炎積極投入抗日活動，並曾與共產黨合作，1945年2月遭國民黨殺害。見廣東省地方史志編纂委員會編：《廣東省志‧人物志》(廣州：廣東人民出版社，2002)，頁490–491。

26　Chan Lau Kit-Ching, *From Nothing to Nothing: The Chinese Communist Movement and Hong Kong, 1921–1936* (New York: St. Martin's Press, 1999).

27　廖承志(1908–1983)，廣東惠陽人，日本東京出生。父親是廖仲愷，母親是何香凝。1928年加入中國共產黨，先後赴德國、荷蘭、比利時等地，組織領導中國海員運動。抗日期間，先後在南京、香港八路軍辦事處工作，並組織僑胞和港澳同胞支援祖國抗戰。見王俊彥著：《廖承志傳》(北京：人民出版社，2006)；廖蓋隆、張品興、劉佑生主編：《現代中國政界要人傳略大全》(北京：中國廣播電視出版社，1993)，頁919–920；《新中國名人錄》(南昌：江西人民出版社，1987)，頁192–193；另見廖承志著：《廖承志文集》(香港：三聯書店〔香港〕有限公司，1990)。

28　1937年日軍全面侵華後，紅軍被改編為國民革命軍第八路軍，各中共軍事成員隨即在全國各地成立八路軍辦事處。其中，駐香港辦事處於1938年1月成立，以「粵華茶葉公司」為名運作，並由廖承志領導，統籌戰時所需物資之轉運補給，組織海外華僑支援抗日。1941年，港英政府向日軍投降，辦事處協助原本由內地逃亡香港的文化人離開，同時撤出香港。陳敦德著：《八路軍駐香港辦事處紀實》(香港：中華書局，2012)。

29　廣州於1938年10月21日淪陷。

30　八年抗戰期間，「東江華僑回鄉服務團」(簡稱「東團」)於1939年1月成立，由南洋(包括馬來亞、海峽殖民地、泰國等地)、香港及東江之青年組成，參加之華僑不少原籍廣東惠陽，他們組織民眾武裝抗日、支援前線戰事。由於該團得共產黨支持，而受到國民黨之打壓。1940年5月，國民黨當局拘捕「東團」成員，後經多番斡旋才獲釋，成員轉而加入游擊隊於東江下游一帶抗日。見黃慰慈、許肖生著：〈東江華僑回鄉服務團概述〉，載中共廣東省委黨史委員會編：《廣東華僑港澳同胞回鄉服務團史料：東江華僑回鄉服務團》(廣州：黨史資料徵集委員會，1985)，頁3–18。

第三章

1　共產黨於廣東東江下游有兩大抗日游擊隊，分別是「第三大隊」及「第五大隊」。「第五大隊」前身為1938年冬重組之「東寶惠邊人民抗日游擊大隊」，1939年改名為「第四戰區游擊挺進縱隊直轄第二大隊」（簡稱「第二大隊」），及至1940年再改名為「廣東省抗日人民游擊第五大隊」，以除去國民黨在軍隊中具領導性的象徵。《東江縱隊史》編寫組著：《東江縱隊史稿》（廣州：廣東人民出版社，1983），頁20–25、41–43。

2　罾棚是建築在淺海的固定捕魚設施，有關流浮山沿海的情況，見Liu Tik-sang, *Becoming Marginal: A Fluid Community and Shamanism in the Pearl River Delta of South China*. Ph.D. Dissertation (University of Pittsburgh, 1995)；另參看Rubie S. Watson, *Inequality among Brothers: Class and Kinship in South China,* (Cambridge: Cambridge University Press, 1985)。

3　1938年日軍入侵廣東一帶，在當地的共產黨游擊隊被重編為「惠寶游擊總隊」及「東寶惠邊人民抗日游擊大隊」。見《東江縱隊史》編寫組著：《東江縱隊史稿》，頁1–25；江關生著：《中共在香港（上卷）（1921–1949）》（香港：天地圖書有限公司，2011），頁184–185。

4　彭湃（1896–1929），原名彭漢育，廣東省海陸豐人，曾留學日本，共產黨員，1927年10月發動「海陸豐暴動」，佔領海豐、陸豐兩地，並於翌月召開陸豐第一次工農兵代表大會，成立全中國第一個「蘇維埃」政府，惟於翌年2月被國民政府軍隊擊潰。見蔡洛、余炎光、劉林松、羅可群著：《彭湃傳》（北京：人民出版社，1986），頁177–212。「蘇維埃」(Soviet) 一詞是指共產社會中的「議會」，負責政府之管治及立法等功能。見羅重一、劉成婧：〈東江華僑回鄉服務團概述〉，《黨政研究》，第2期(2015)，頁24–29。

5　王作堯（1913–1990），廣東東莞人，1934年於黃埔軍校燕塘分校畢業，1936年加入中國共產黨。1930年代後期，任中共東莞中心縣宣傳部長兼武裝部長、廣東人民抗日游擊隊第五大隊隊長等職。第二次國共內戰期間，相繼任華軍軍政大學第四大隊大隊長、華東野戰軍第十縱隊副參謀長、華北軍政大學教育部副教育長等。見中共東莞市委黨史研究室編：《東莞抗日實錄》（北京市：中共黨史出版社，2006），頁501–502；傅澤銘著：《星光熠耀》（廣州：花城出版社，2003）。

6　何銘思口述：「東江縱隊港九大隊的隊長是蔡國梁，他是九龍淘化大同工廠的工人。」

7　曾生 (1910–1995)，廣東寶安人。1936年加入中國共產黨。曾領導廣州
　　地區學生與民眾的抗日救國運動，在香港任中共海員工作委員會組織部
　　部長，亦任惠寶抗日游擊總隊長及廣東人民抗日游擊隊東江縱隊司令
　　員。見廖蓋隆、張品興、劉佑生主編：《現代中國政界要人傳略大全》，
　　頁886；曾生著：《曾生回憶錄》；曾生著：《紅江火星：革命回憶錄》(廣
　　州：廣東人民出版社，1983)。

8　1938年1月，王作堯回東莞組織抗日游擊隊，於同年10月成立東莞模範
　　壯丁隊，該隊後於1939年被收編到東莞惠邊人民抗日游擊大隊。見陳瑞
　　璋著：《東江縱隊：抗戰前後的香港游擊隊》(香港：香港大學出版社，
　　2012)，頁22–23；張黎明著：《記憶的刻度：東縱的抗戰歲月》(北京：群
　　眾出版社，2006)，頁14–16；何瑛主編：《東莞抗日模範壯丁隊》(廣州：
　　廣州地區東江縱隊老戰士聯誼會，2008)。

9　由於「中央陸軍軍官學校」(俗稱「黃埔軍校」)地方不敷應用，1927年的
　　第七期入伍生被安排於燕塘接受訓練，該校也便成為黃埔軍校的分支。
　　1931年，該校改為「廣東軍事政治學校」，俗稱「燕塘軍校」，由當時省政
　　府主席陳濟棠親任校長。見蕭自力著：《陳濟棠》，(廣州：廣東人民出版
　　社，2002)，頁149、151。見陳宇著：《中國黃埔軍校》(北京：解放軍出
　　版社，2005)，頁201–203。

10　「華僑回鄉服務團」由廖承志在香港組織，見第二章。

11　汪精衛 (1883–1944)，原名汪兆銘，廣東番禺出生。留學日本返回中國
　　後，曾經歷多次起義與二次革命，並跟隨孫中山赴東南亞地區籌設中國
　　同盟會及其分會支部，後來在廣東省從事黨務工作，擔任國民政府多個
　　要職。1940年在南京成立偽國民政府，任偽國民政府主席。見廖蓋隆、
　　張品興、劉佑生主編：《現代中國政界要人傳略大全》，頁424–425；汪精
　　衛著：《汪精衛集》一、二卷 (上海：上海書店出版社，1918)；三、四卷
　　(上海：光明書局，1929)。

12　有關收稅的活動記錄，參看王作堯著：〈東江抗日根據地的稅收工作〉，
　　載中共東莞市委黨史研究室編：《東莞抗日實錄》(北京：中共黨史出版
　　社，2006)，頁342–345；李澤霖著：〈抗戰時期東莞財稅戰線的鬥爭〉，
　　《東莞抗日實錄》，頁786–792；陳敬堂著：《香港抗戰英雄譜》(香港：中
　　華書局〔香港〕有限公司，2014)，頁93–94。

13　奎寧 (Quinine)，俗稱「金雞納霜」，是治療瘧疾的主要藥物。

14　1941年12月7日，太平洋戰爭爆發，日軍攻佔香港，1941年12月25日香

港總督楊慕琦投降，香港淪陷，至1945年8月15日日本投降，經歷了「三年零八個月」的時間。見謝永光著：《三年零八個月的苦難》（香港：明報出版社，1995）。

15 《沙井鎮志》編纂委員會編：《沙井鎮志》（長春：吉林攝影出版社，2002）。

16 Liu Tik-sang, *Becoming Marginal,* pp. 49–51.

17 馮白駒（1903–1973），海南瓊山人，1926年加入中國共產黨，1927年任瓊山縣委書記，並建立瓊山縣農民革命軍，成為海南島的共產黨部隊。日軍全面侵華後，部隊被改編為瓊崖游擊隊。見中共海南省委黨史研究室編著：《馮白駒將軍傳》（北京：中央黨史出版社，1998）；馮白駒、曾生等著：《廣東人民抗日游擊戰爭回憶》（廣州：華南人民出版社，1951）。

18 有關粵北的戰鬥情況，見何應欽著：《日軍侵華八年抗戰史》（臺北：黎明文化，1984），頁130–131。

19 1937年8月，抗日戰爭全面爆發，國民黨軍隊進行整編，粵軍第153師及第154師合編成第六十三軍，隸屬第十二集團軍，由余漢謀領導，在廣東執行軍務。見張明金、劉立勤主編：《國民黨歷史上的158個軍》（北京：解放軍出版社，2004），頁284–286。

20 余漢謀（1896–1981），廣東高要人。曾參與國民黨的多場戰役以及對紅軍的圍剿。抗日時期，任國民黨第十二集團軍總司令、第四戰區副司令長官，參與淞滬、南京、隴海、南潯等戰役，並在粵北擊退日軍，屢建戰功。見廖蓋隆、張品興、劉佑生主編：《現代中國政界要人傳略大全》，頁412–413。

21 李彥和（1897–1989）又名李煦寰，廣東惠州人，早年留學法國。返國後曾當藥商，後來加入余漢謀的軍隊；抗日期間任第七戰區政治部主任，曾私下營救共產黨人。見〈李彥和中將剿共亦助共〉，《蘋果日報》，2004年3月8日，網頁：http://hk.apple.nextmedia.com/news/art/20040308/3901540，擷取日期：2016年5月3日。

22 因應抗日戰爭形勢，國民政府於中國境內劃分不同的作戰區域，廣東省屬第七戰區。見何應欽著：《日軍侵華八年抗戰史》，頁241–242、398附圖；王檜林主編：《中國抗日戰爭全書》（太原：山西人民出版社，1995），頁818。

23 見晨歌著：《粵北山城戲劇兵：記七政大》，載《廣東話劇運動史料集》（第一集）（廣東：廣東話劇研究會，1986），頁109–112、104；莫廣智著：《民生橋畔數春秋：回憶七政大》，載《廣東話劇運動史料集》（第一集），頁113–116。

24　藍白、藝協是兩個不同的劇團,「藍白」由廣東戲劇研究所畢業生於1935
　　年在廣州上海女青年會成立,因女青年會徽號有藍白兩色而取名藍白;
　　劇團成立後積極參與抗日救國之文藝宣傳活動。「藝協」的前身為「廣州
　　市藝術工作者協會戲劇組」,1936年成立「廣州藝協劇團」,1938年廣州
　　淪陷後,成員各自加入中共的抗戰活動。見何芷著:《抗日烽火中的廣州
　　三大劇社》,載廣東話劇研究會《鳴鏑篇》編委會:《鳴鏑篇:廣州鋒社話
　　劇團的戰鬥歷程》(廣州:廣東話劇研究會,1994),頁49–56。另見游波
　　著:《記廣州藝協劇團》,載《廣東話劇運動史料集》(第一集),頁88–89;
　　卓文彬、黃家讓、程躍群著:《回憶藍白劇團》,載《廣東話劇運動史料集》
　　(第一集),頁96–98。

25　即「廣州鋒社話劇團」,1934年創辦,旨在以戲劇形式宣傳抗日救國思
　　想,1936年起成為中國共產黨領導的文藝組織,1938年成立黨組織,改
　　為鋒社劇團支部,廣州淪陷後改編成為「廣東省民眾動員委員會第四藝宣
　　大隊」,並轉往粵北一帶活動。見原中共鋒社黨支部著:《廣州鋒社話劇
　　團的戰鬥歷程》,載《鳴鏑篇:廣州鋒社話劇團的戰鬥歷程》,頁1–19。

26　《天國春秋》為陽翰生於1941年所編,劇中講述太平天國時期(1851–1864)
　　韋昌輝與楊秀清之爭,其中女主角的對白「大敵當前,我們不該自相殘
　　殺」被認為是對1941年中蔣介石發動「皖南事變」剿共的回應。見田本
　　相、石曼、張志強著:《抗戰戲劇》(開封:河南大學出版社,2005),
　　頁113–115;黃仁著:《王玨九十年的人生影劇之旅》(臺北:新銳文創,
　　2011),頁62–63。

27　《蛻變》為曹禺於1940年所編,劇中主角梁公仰性格正直、不謀私利,以
　　身體掩護傷兵,聆聽群眾的聲音,及厭惡官僚的行為,反映抗戰時期民
　　眾的道德要求與救國情懷。見田本相、石曼、張志強著:《抗戰戲劇》,
　　頁93–96;黃仁著:《王玨九十年的人生影劇之旅》,頁62–63。

28　吳荻舟著:〈劇宣七隊在廣東〉,載中共廣東省委黨史研究室:《省港抗戰
　　文化》(廣州:廣東人民出版社,1994),頁259–278。

29　何銘思著:〈點滴回憶〉,載《鳴鏑篇:廣州鋒社話劇團的戰鬥歷程》,頁
　　286–289。

30　李門(1914–2000),廣東省三水縣人,聖若瑟書院畢業,1935年參加鋒社
　　話劇團,並成為負責人之一。廣州淪陷後率領鋒社成員組成國民黨第七
　　戰區政治大隊,1944年率大隊部分成員轉移至東江縱隊,擔任魯迅藝宣
　　隊隊長,1946年,返香港擔任《華商報》記者、中原劇藝社黨支部書記,

1949年組華南文工團進入粵東開展文化宣傳工作。見許俐麗、李小瑛編：《李門百年》（廣州：廣東人民出版社，2014）。

31　見廣東話劇研究會《犁痕》編委會：《犁痕：中原劇藝社的戰鬥歷程》（廣州：廣東話劇研究會，1994）。

32　周鋼鳴著：〈回顧過去，瞻望未來：在《黃花崗》演出43周年紀念大會上的書面發言〉，載中國戲劇家協會廣東分會、廣東話劇研究會編：《廣東話劇運動史料集》（第一集），頁105–106；李門著：〈歷史革命話劇《黃花崗》的創作和演出〉，載《廣東話劇運動史料集》（第一集），頁107–108。

33　何銘思著：〈薪火相傳憶李門〉，載《李門百年》，頁156–157。

34　戴愛蓮（1916–2006），廣東新會人。兒時開始學習舞蹈與鋼琴，1930年代遠赴英國習芭蕾舞與現代舞，1940年代返回中國，先後任教於重慶歌劇學校、重慶育才學校、上海樂舞學院、北京師範大學等。戴愛蓮口述，羅斌、吳靜姝記錄及整理：《我的藝術生活》（北京：人民音樂出版社、華樂出版社，2003）。

35　吳曉邦（1906–1995），江蘇太倉人。早年留學日本，學習芭蕾舞、現代舞與中國傳統藝。返國後在上海開辦舞蹈學校，抗日期間創編了近百個舞蹈作品。見吳曉邦著：《我的舞蹈藝術生涯》（北京：中國戲劇出版社，1982）。

36　田漢（1898–1968），湖南長沙人。1932年加入中國共產黨。曾任中華書局編輯、國立暨南學校及大夏大學和復旦大學戲劇教授、左翼戲劇家聯盟黨團書記、中國共產黨上海中央局文化工作委員會委員等。抗日期間，組織抗敵演劇團、抗敵宣傳隊與其他劇團。見京聲、溪泉編：《新中國名人錄》，頁326–327；鄧興器著：〈先驅者之路：田漢戲劇生涯述評〉，載中國藝術研究院話劇研究所主編：《中國話劇藝術家傳》（第一輯）（北京：文化藝術出版社，1984），頁1–38。

37　歐陽予倩（1889–1962），湖南瀏陽人。早期留學日本，參與劇團演出，並倡導新劇運動。抗日期間負責組織電影界救亡協會，任文化界救亡協會理事組織救亡演出隊等。1955年加入共產黨。主要著作有回憶錄《自我演劇以來》、話劇劇本《運動力》、《桃花扇》、《黑奴恨》等。見《新中國名人錄》，頁260；陳丁沙著：〈歐陽予倩藝術生平〉，載《中國話劇藝術家傳》（第一輯），頁150–175。

38　趙如琳（1909–1983），戲劇家。19歲翻譯《戲劇原理》，1930年代，憑記憶默寫世界最佳名劇《油漆未乾》的劇本。抗戰時在曲江擔任演劇一隊

隊長，再被選為廣東省戲劇協會常務理事。後來到星加坡的中學任教戲劇，並成立中正戲劇研究會，推廣戲劇。1950年代，移居法國研究戲劇。李門著：〈獻給巴黎赤子之魂：記廣東話劇先驅趙如琳〉，載《廣東話劇運動史料集》(第3集)，頁42–44。

39　余叔韶 (1922–)，香港出生，就讀於香港華仁書院，1938入讀香港大學文學系。1941年，於英國海軍情報局工作，後轉投中國國民黨政治部，任陸軍少校。1945年前往英國牛津大學攻讀法律，並於1949年考取英國及愛爾蘭大律師執業資格。1951年返回香港，在律政署檢控科任職，成為首位華人檢察官。他後來開展個人的大律師業務，亦曾協助香港大學創辦法律系與法律學院。見余叔韶著，胡紫棠譯：《與法有緣》(香港：香港大學出版社，1998)；余叔韶著，胡紫堂譯：《法訟趣聞：雪廠街九號的故事》(香港：香港大學出版社，2002)；〈余叔韶〉，網頁：http://www4.hku.hk/hongrads/index.php/chi/archive/graduate_detail/316，擷取日期：2016年5月3日。

40　汪國禎著：《余伯泉將軍與其軍事思想》(臺北：中華戰略學會，2002)。

41　何銘思著：《我們這一輩》(出版人：符冰，2015)，頁9。

42　Wu, Cheng'en, translated and edited by Anthony C. Yu. *The Journey to the West* (4 volumes) (Chicago: The University of Chicago Press, 1977).

43　張發奎 (1896–1980)，廣東始興人。早年入讀保定陸軍軍官學校，畢業後擔任粵軍第一師連長，後來當總統府警衛第三營營長。他曾參與廣東革命政府的第二次東征、南征討伐鄧本殷的後期作戰、北伐、蔣桂大戰等戰役。抗戰期間，「八·一三」戰役中重獲兵權，擔任中國軍隊右翼軍總司令兼第八集團軍總司令。中華人民共和國成立後，辭去所有職務赴香港定居。見《現代中國政界要人傳略大全》，頁469–470；張發奎著：《張發奎將軍抗日戰爭回憶記》(香港：蔡國楨，1981)。

44　1945年5月，始興的共產黨人成立了「風度自衛大隊」，下設五個中隊，部隊主要成員是風度學校的教師及學生，他們在鄰近地區發動群眾成立抗日自衛隊。見《星光熠耀》，頁326。

45　廣東省政協、韶關市政協、始興縣政協文史資料研究委員會合編：《揮戈躍馬滿征塵：張發奎將軍北伐抗戰紀實》(廣州：廣東人民出版社，1990)，頁264。

46　同上，頁274。

47　全稱為「廣東人民抗日游擊隊東江縱隊」，於1943年12月編成，由共產黨

員領導，下轄七個大隊，負責東江流域一帶防務，前身為1940年由廣東省抗日人民游擊第三及第五大隊組成廣東人民抗日游擊隊。抗戰勝利後東江縱隊成為共產黨軍隊，1946年被調往山東，1947年被擴編為中國人民解放軍兩廣縱隊。見《東江縱隊史》編寫組著：《東江縱隊史稿》。

48　楊康華(1915–1991)，浙江會稽人。1936年加入中國共產黨。曾任中共廣州市委、粵東南特委宣傳部部長、香港市委書記、東江縱隊、兩廣縱隊政治部主任。楊康華著：《楊康華回憶錄》(廣州：廣東人民出版社，2001)。

49　林鏘雲(1894–1970)，廣東新會人。早年曾參與孫中山組織的革命運動，1926年加入中國共產黨。曾任香港洋務工會支部書記、中共南海縣委書記、香港海員工會特派員、中華全國總工會香港特派員、中共南順特別支部書記、珠江縱隊司令員、兩廣縱隊副政委等職。見《新中國名人錄》，頁198–199。

50　全稱為「廣東人民抗日游擊隊珠江縱隊」，由共產黨員領導，於1944年12月編成，負責珠海、順德、中山等屬珠三角西部地區之防務。1938年11月日軍入侵廣東時，中共已於該等地區建立游擊隊，並曾多次重組。1943年2月，中共建立南(海)番(禺)中(山)順(德)游擊區指揮部統籌軍務，1944年10月成立廣東人民抗日游擊隊中區縱隊取代之，負責統一指揮當地所有部隊，兩個月後再改為珠江縱隊。見《珠江縱隊史》編寫組著：《珠江縱隊史》。

51　見莫廣智著：〈記東江縱隊鐵流隊〉，載《廣東話劇運動史料集》(第一集)，頁172–175。

52　日本於1945年8月15日投降。

53　1941年12月7日，日本偷襲珍珠港，美國因此對日本宣戰，史稱「太平洋戰爭」。惟此時日本立即直搗東南亞，使戰線過長，戰爭成本大增，又1942年於中途島戰役被美軍擊敗，此後節節敗退。1945年8月初，美國分別於日本廣島及長崎兩地投下原子彈，日本於同月15日無條件投降。林明德著：《日本近代史》(臺北：三民書局，2004)，頁221–227、231–236。

54　1944年初，日軍為重奪於中國的作戰主動權，發動「一號作戰」，攻入河南、湖南、廣西三省以打通陸上交通線，史稱「豫湘桂戰役」。國民黨軍隊在戰役中節節敗退，河南、湖南先後陷落。攻佔湖南衡陽後，日軍打算沿湘桂鐵路攻入廣西，駐紮在桂林的國軍將領白崇禧決定將居民及資

源先沿另一段湘桂鐵路撤至柳州，史稱「湘桂大撤退」。見武克全編：《抗
日戰爭大事典》(上海：學林出版社，2005)，頁473–475。

55　王震(1908–1993)，湖南瀏陽人，1927年加入中國共產主義青年團，同
　　年轉入共產黨，曾參與長沙工人暴動。1930年代，先後任中國工農紅軍
　　多個不同單位，領導軍民鬥爭以及設立革命根據地。抗日期間，率部參
　　與戰役。中華人民共和國成立後，屢任中共中央要職，1975至1980年期
　　間，任國務院副總理。見《現代中國政界要人傳略大全》，頁31–32。

56　王首道(1906–1996)，湖南瀏陽人。1925年加入中國共產主義青年團，同
　　年加入中國國民黨，後來轉入共產黨。抗日期間，任中共中央秘書處處
　　長、第十八集團軍獨立第一游擊支隊政委、湘鄂贛區軍政委。見《現代中
　　國政界要人傳略大全》，頁59–60；王首道著：《王首道回憶錄》(北京：解
　　放軍出版社，1988)。

57　劉黑仔(1919–1946)，原名劉錦進，廣東寶安人。1938年10月日軍於大
　　鵬灣登岸時加入中共抗日組織，翌年成為黨員，年底加入惠寶游擊隊，
　　1941年日軍進犯香港時曾協助文化界人士逃亡。1942年3月在新成立的
　　港九大隊任短槍隊副隊長，後升為隊長。1946年5月執行任務期間大腿中
　　槍並染上破傷風，搶救無效逝世。見廣東省地方史志編纂委員會編：《廣
　　東省志‧人物志》，頁506–507；陳敬堂著：《香港抗戰英雄譜》，頁115–
　　142。李以莊著：〈威震港九的劉黑仔──東江縱隊史跡採訪筆記〉，《明報
　　月刊》，第51卷，第6期(2016)，頁64–67。

58　李先念(1909–1992)，湖北紅安人。1927年加入中國共產黨，並擔任中
　　國工農紅軍第四方面軍指揮領導工作，曾參與長征。第二次國共內戰期
　　間，與劉伯承、鄧小平率領的晉冀魯豫部隊進入中原。《李先念傳》編寫
　　組編，朱玉主編：《李先念傳(1909–1949)》(北京：中央文獻出版社，
　　1999)；《李先念傳(1949–1992)》(北京：中央文獻出版社，2009)。

59　1945年11月，國民黨軍隊在湖北、河南兩省之間的宣化店包圍由李先念
　　率領的新四軍部隊，雙方戰鬥連場，新四軍節節敗退，國民黨原打算於
　　翌年7月將李先念之部隊一舉消滅，惟李於6月先發制人，聯合其他共產
　　黨軍隊抗敵，結果成功解圍，稱為「中原突圍」。李少瑜等著：《中原突圍
　　紀事》(北京，解放軍出版社，1992)。

60　陳誠(1898–1965)，生於浙江青田高市。1920年代，曾隨國民革命軍參
　　與東征陳炯明、北伐、中原大戰等戰役。1930年代，曾參與對中央蘇區
　　發動的圍剿，並協助蔣介石整編全國軍隊。抗戰期間，任命為前敵總指

揮兼十五集團軍總司令，與日軍抗衡。抗戰勝利後，隨國民黨往臺灣，歷任國民黨副總裁、行政院長及副總統。見《現代中國政界要人傳略大全》，頁 513–514。

61　1932年，蔣介石組織「復興社」，其骨幹成員被稱為「十三太保」，包括劉健群、賀衷寒、鄧文儀、康澤、桂永清、酆悌、鄭介民、曾擴情、梁幹喬、蕭贊育、滕傑、戴笠、胡宗南。見康澤著：《康澤自述：蔣介石的十三太保之一國民黨「黨衛軍」魁首》（北京：團結出版社，2012）；局外人著：《戴笠與十三太保》（臺北：獨立作家，2013）。

62　黃珍吾（1900–1969），海南文昌人。1921年赴南洋，任吉隆玻《益群報》記者，1922年創辦華南學校並任校長，同年加入中國國民黨，並考入廣州黃埔軍校。1925年任蔣介石護衛隊長，1936年任第三集團軍總司令部辦公廳主任。翌年奉派赴美國考察，在紐約組設籌款總會，發動華僑捐款。抗日戰爭爆發後，回國成為蔣介石的侍從參謀。1940年歷任閩中剿匪司令，閩海守備指揮官，閩江右翼指揮官等職。1945年抗戰勝利後，任廣州行營政治部主任。見廣東省地方史志編纂委員會編：《廣東省志：人物志》，頁105。

63　見集思著：〈回憶劇五、七隊在廣州的日子〉，載《中國話劇運動五十年史料集》編輯委員會、田漢等編：《中國話劇運動五十年史料集》（北京：中國戲劇出版社，1985），頁 193–196。

64　鄭達著〈演劇隊海外播種記：記中國歌舞劇藝社在南洋的巡迴演出〉，載《廣東話劇運動史料集》，頁184–196；另參看《南洋戀：中國歌舞劇藝社南洋演出40周年紀念，1946–1986》（作者、出版社缺，1986）。

65　以「魯迅」為名的宣傳部隊。見李昭著：《彩墨硝煙：李昭遺作選》（廣州：嶺南美術出版社，1997），頁 54–55。

66　韋丘（1923–2012），廣東清新人。曾參與抗日戰爭，並發表詩作和劇評。歷任武工隊指導員，政工組長，兩廣縱隊文工團戲劇隊隊長，創作組長，廣東省軍區、華南軍區、中南軍區政治部文藝科幹事，中南軍區文工團創作員，《作品》雜誌編輯、編輯部主任、副秘書長，廣東作協副主席等。見廣東省作家協會編：《廣東當代作家辭典》（廣州：花城出版社，2006），頁74。

67　李昭（1924–1996），廣東三水縣人。1936年香港麗澤女子小學畢業後，回廣州升學，初中二年級時，抗戰開始，參加「青年抗日先鋒隊」，投身抗日宣傳工作。1944年參加東江縱隊，並加入中國共產黨。1946年隨東江

縱隊北撤山東煙台。1949年隨第四野戰軍南下廣東，1950年開始從事編輯工作。見李昭著：《彩墨硝煙：李昭遺作選》。

68　「中原劇藝社」於1946年在香港成立，由中共中央香港分局文委直接領導，負責人是李門。除了戲劇演出外，劇藝社也有舞蹈和戲曲及蘇聯電影的宣傳活動，以及協助左翼人士北上戰場。1947年9月香港《華商報》面臨結業時，中原劇藝社鼓勵群眾支持，更有成員親往南洋籌款。1949年初中原劇藝社遷往廣州，並歸入新成立的華南文工團。見南方日報社、廣東《華商報》史學會著：《白首記者話華商：香港〈華商報〉創刊45周年紀念文集》（中國：廣東人民出版社，1987）；李門著：〈記香港中原劇藝社〉，載《犁痕：中原劇藝社的戰鬥歷程》，頁33–43；丁波著：〈華南文工團簡史〉，載廣東省文化廳史志辦、華南文工團聯誼會合編：《廣東革命文藝史料：中共中央華南分局華南文工團專輯》（廣東：廣東省文化廳，2004），頁176–180。

69　華南文工團在1949年7月成立，李門擔任該團之政治委員。該組織不但透過話劇和戲曲等進行政治宣傳，更舉辦各種文藝班，包括舞蹈等，同年解放軍入廣州城也由該團負責「解放入城式」，歡迎解放軍的進駐。見丁波著：〈華南文工團簡史〉，載《廣東革命文藝史料：中共中央華南分局華南文工團專輯》，頁176–180。

70　1941年，中國民主政團同盟成立。參與的黨派包括中國青年黨、國家社會黨（後改稱民主社會黨）、中華民族解放行動委員會（後改稱農工民主黨）、中華職業教育社、鄉村建設協會等。1944年，改名為「中國民主同盟」。見中國民主同盟中央委員會編：《中國民主同盟發展簡史》（廣州：光明出版社，1952）；趙錫驊著：《民盟史話：1941–1949》（北京：中國社會科學出版社，1992）。〈中國民主同盟〉，網頁：http://cpc.people.com.cn/BIG5/64107/65708/66065/66075/4472527.html，擷取日期：2016年5月3日。

71　有關「政治協商會議」的起源與召開，參看李炳南著：《政治協商會議與國共談判》（臺北：永業出版社，1993）。

72　「新民主主義」是毛澤東於1940年一次演講中提出的建國理論，透過新民主主義革命（即打倒帝國主義、封建主義、官僚資本主義「三座大山」的無產階級革命）去建立新民主主義社會。此理論在建國前及建國初期具有相當重要性，但自1950年代初起，「新民主主義」漸被放棄。見于光遠：〈「新民主主義社會論」的歷史命運〉，《二十一世紀評論》，第78期（2003），頁50–61。

73　參看秦立海著：《民主聯合政府與政治協商會議：1944–1949年的中國政治》(北京：人民出版社，2008)，頁218–279。

74　參看江關生著：《中共在香港 (上卷) (1921–1949)》，頁224–228。

75　李濟深 (1885–1959)，廣西蒼梧人。青年時就讀黃埔陸軍中學、陸軍速成學堂、廣東陸軍講武堂。1920年代參與孫中山領導的政府，並參與統一廣東革命根據地，總攬廣東黨政軍全權。抗日期間，擔任國民政府軍事委員會委員、國民政府軍事參議院院長等職。中華人民共和國成立後，歷任中共中央人民政府副主席、全國人民代表大會常務委員會副委員長等職。見《現代中國政界要人傳略大全》，頁354–355；《新中國名人錄》，頁166–167。

76　蔡廷鍇 (1892–1968)，廣東羅定人。早期曾參與討伐桂軍、東征陳炯明、北伐戰役等，屢立戰功。抗戰勝利後，與李濟深等成員組織中國國民黨民主促進會，其後在香港組織中國國民黨革命委員會。中華人民共和國成立後，曾任人民革命軍事委員會委員、中國人民政治協商會議全國委員會委員等職。見《現代中國政界要人傳略大全》，頁911–912；《新中國名人錄》，頁11。

77　李濟深及蔡廷鍇本來都是粵軍成員，何銘思認為達德學院的創立與粵軍有很密切的關係。

78　呂坪、俞仲達、夏耘、黃河、廖士專、曾建昭著：〈廣東青年工作歷史上的幾個問題：黃煥秋同志訪談錄〉，《廣東黨史》，第3期 (2002)，頁4–19；劉智鵬著：《香港達德學院：中國知識分子的追求與命運》(香港：中華書局〔香港〕有限公司，2011)，頁12–16、231–232。

79　《達德歲月》編委會：《達德歲月：香港達德學院紀念集》(廣州：中山大學出版社，2004)，頁12。

80　港英政府於1948年11月修訂教育條例，迫使達德學院於1949年2月起停辦。劉智鵬著：《香港達德學院：中國知識分子的追求與命運》，頁1–16、147–160。

81　黃藥眠 (1903–1987)，廣東梅州人。年青時赴日本留學，曾積極參與愛國民主運動。抗戰期間曾在延安新華通訊社工作，後來與范長江等人組織國際新聞社，並積極參與抗日宣傳活動。1940年代主編多份刊物，並在香港創辦達德學院。見黃藥眠、蔡徹著：《黃藥眠口述自傳》(北京：中國社會科學出版社，2003)；黃藥眠著：《動蕩：我所經歷的半個世紀》(上海：上海文藝出版社，1987)。

82　周鋼明（1909–1981）又名周剛明及周鋼鳴，1909年於廣西羅城縣出生。年青時隨軍參加北伐戰爭，1934年加入中國共產黨，從事左翼文藝運動。抗戰時期，擔任《救亡日報》編輯及記者、桂林《人世間》雜誌副主編，並出版《文藝創作論》。抗戰勝利後，曾任香港達德學院文學系教授。見〈廣東文藝界沉痛追悼周鋼鳴同志逝世〉，《新文學史料》，第3期（1981年），頁284。

83　司馬文森（1916–1968），福建泉州人。1933年加入中國共產黨，其後參與中國左翼作家聯盟，在《申報》、《作家》等報刊發表短篇小説。抗戰期間先後在上海、廣州等地從事救亡宣傳工作。內戰期間，團結港澳與南洋的愛好文藝進步青年，亦發表多份評論文章與小説。見楊益群、司馬小莘、陳乃剛編：《司馬文森研究資料彙編》（北京：十月文藝出版社，1998），頁1–15；〈司馬文森〉，網頁：http://baike.baidu.com/view/306556.htm，擷取日期：2016年5月3日。

84　何銘思著：《家國情懷》（香港：明報出版社有限公司，2005），頁59–61。

85　另見第四章有關莫雄之記述。

86　余敏玲：〈蔣介石與聯俄政策之再思〉，《中央研究院近代史研究所集刊》，第34期（2000），頁49–87。

87　陳濟棠（1890–1954），廣東省防城縣人。早期就讀於陸軍速成學堂，畢業後在護國軍當兵，後來升任為排長、連長，亦曾參與陳炯明叛變、南昌起義等戰役，曾負責整編兩廣部隊。抗戰勝利後，以「兩廣及臺灣宣慰使」身份返回廣東，擔任海南行政長官防衛總司令。1950年前赴臺灣，歷任國民黨要職。見《現代中國政界要人傳略大全》，頁547–548。

88　陳獨秀（1879–1942），安徽懷寧人。早年考獲秀才，曾赴日本遊學。他以《新青年》、《每周評論》為陣地，積極倡議民主與科學，提倡文學革命，為五四運動的主要組織者與領導人，其後參與資產階級改良主義和小資產階級無政府主義等反馬克思主義的鬥爭。1920年代，在共產國際的幫助下在上海建立共產主義小組，並發起組織中國共產黨，為中國共產黨早期的領導人。見《現代中國政界要人傳略大全》，頁546–547；唐寶林著：《陳獨秀全傳》（香港：中文大學出版社，2011）。

89　有關黃埔軍校的國共衝突，參看黃振涼著：《黃埔軍校之成立及其初期發展》（臺北：正中書局，1993），頁265–283。

第四章

1　該地當時是山區，現已為新豐江水庫萬綠湖所淹；供應香港食水來源的
　　東江水，即來自此水庫。

2　1947年，新豐縣成立北江人民自衛總隊，總隊負責人為梁泗源。總隊
　　先後多次襲擊翁源廟墩自衛隊、馬頭員警所等，並帶領農民打開稅倉，
　　解決當地饑荒問題。見《東江縱隊史》，頁154–179；〈1947年〉，網頁：
　　http://ds.huizhou.gov.cn/pages/cms/dsyjs/html/dsj/62a6fa90392b4ac1a4af20b
　　c6b61ee2b.html?cataId=e0c482068efc42ba9d14d515bf0296be，擷取日期：
　　2016年5月28日；〈中共新豐縣委首任書記：梁泗源〉，網頁：http://www.
　　xinfeng.gov.cn/website/xfPortal/zwgk/xfds/2012/25937_0.html，擷取日期：
　　2016年5月28日。

3　以何通為名組成的部隊。何通（1924–2002），東莞莞城人。1938年參加
　　東莞抗日模範壯丁隊。1940年加入中國共產黨。歷任廣東人民抗日游擊
　　隊戰士、東江縱隊等。解放戰爭時期，在淮海戰役中身負重傷。1949年
　　9月南下參加解放廣東戰役。中共東莞市委黨史研究室編：《東莞抗日實
　　錄》，頁564。

4　即「中國共產主義青年團」，是中國共產黨領導的一個青年群眾組織，
　　1922年成立中國社會主義青年團，1925年改稱中國共產主義青年團；為
　　吸收廣大青年參加抗日，1935年11月中共將共青團組織改造為「民族解放
　　性質的抗日救國的青年團體」。見〈中國共產主義青年團簡介〉，《少先隊
　　小幹部》，第5期（2002），頁30–31。

5　「三民主義青年團」，簡稱「三青團」，是由中國國民黨領導的青年組織，
　　於1938年在武昌成立。見〈三民主義青年團〉，網頁：https://zh.wikipedia.
　　org/wiki/ 三民主義青年團，擷取日期：2016年5月3日。

6　中國人民解放軍粵贛湘邊縱隊，為中國共產黨領導下於解放戰爭時期建
　　立的一支人民武裝部隊。見中共惠州市委黨史辦公室編：《粵贛湘邊縱隊
　　史》（廣州：廣東人民出版社，1989）。

7　尹林平（1908–1984），江西興國出生。1929年參與興國五區沙溪鄉農民
　　協會，擔任沙溪鄉赤衛隊大隊長。1931年加入中國共產黨。抗戰期間，
　　任香港中共南方工作委員會武裝部長、中共廣東省委軍委書記、中共廣
　　東東江特委書記。解放後，一直在廣東省委工作。王曼、楊永著：《鐵骨
　　凌霜：尹林平傳》（廣州：花城出版社，1998）；中共黨史人物研究會編：

《中共黨史人物傳》(西安：陝西人民出版社，1980)；〈他參與指揮了香港大營救，尹林平之女尹素明講述父親抗戰往事〉，網頁：http://dangshi. people.com.cn/BIG5/n/2015/0618/c85037-27177233.html，擷取日期：2016年5月28日。

8　梁威林(1911–2008)，廣西博白人，1936年加入中國共產黨。抗戰期間，任抗戰教育實踐社指導員、市委組織部幹事、省委宣傳部幹事、廣州「抗先」總隊部委員、中共泰國工委秘書、粵贛湘邊區黨委副書記等職。中華人民共和國成立後，歷任東江地委書記兼東江軍分區政委、廣東省教育廳廳長、新華社香港分社社長等職。見〈廣東省政協原主席梁威林同志逝世〉，網頁：http://cpc.people.com.cn/GB/64093/64094/7438788.html，擷取日期：2016年5月3日。

9　王彪(1923–2000)，廣東東莞人。抗戰期間參與抗日救國，1940年加入中國共產黨。相繼任廣東人民抗日游擊隊戰士、班長、指導員等，先後在東莞、寶安、惠陽等地展開游擊戰役。抗戰勝利後，任九連地區大隊大隊長、中共九連地區工委副書記、中國人民解放軍粵贛湘邊縱隊東江第二支隊第四團團長，並參與解放廣東戰役。見傅澤銘著：《永遠的心碑：厚街革命鬥爭紀實》(廣州：廣東人民出版社，2006)，頁545。

10　廣西百色起義後，共產黨成立紅軍第七軍；鄧小平為該起義的領導者之一。後蔣介石委任廣西籍軍人俞作柏、李明瑞為廣西省政府主席和廣西編遣特派員。俞、李與中共建立合作關係，安排中共的一批幹部到地方軍政部門任職，陳可夫為其中一位到地方部門工作的中共黨員幹部和革命青年。見莫文驊著：〈百色起義的卓越領導者〉，載中共中央文獻研究室編：《回憶鄧小平》(北京：中央文獻出版社，1998)，頁430。

11　見《粵贛湘邊縱隊史》，頁109。

12　可能當時與現在的譯音有別，「雷佛奴爾」(Ethacridine Lactate)是一種用於各種創傷、滲出、潰爛的感染性皮膚病及傷口沖洗藥物。見希恩C.斯威曼(Sean C. Sweetman)主編；李大魁、金有豫、湯光等譯：《馬丁代爾藥物大典》(*Martindale: The Complete Drug Reference*)(北京：化學工業出版社，2009)，頁1279。

13　陳賡(1903–1961)，原名陳庶康，湖南省湘鄉縣人。1922年加入中國共產黨，1924年入黃埔軍校第一期學習。1926年赴蘇聯學習，次年回國參加南昌起義。後於上海中共中央機關擔任情報工作，曾參加長征。抗日戰爭時期，任八路軍129師386旅旅長、太岳軍區太岳縱隊司令員。見星火

燎原編輯部著：《中國人民解放軍將帥名錄（第一卷）》（北京：解放軍出版社，1987），頁26。

14　公安部隊是從人民解放軍行列中出現的一支新的武裝力量，公安部領導機構於1950年9月正式成立。但公安部隊第19師於1949年12月已經在廣州組建成立。該師以粵贛湘邊縱隊獨立第2、6團為基礎，下轄第55、56團及教導大隊、糾察大隊，政委何明（師長缺，由何明暫兼），接替中國人民解放軍第44軍132師擔負廣州部分警備任務。1950年1月下旬，公安第19師改編為廣州市公安總隊，下轄兩個團，列入地方公安部隊序列。見朱曉明著：〈我軍歷史上的22個公安師鉤沉（下）〉，《黨史博采》，第12期（2013），頁57。

15　指紅軍長征期間的艱苦經歷。

16　穆欣：〈回憶解放廣州之戰〉，《同舟共進》，第9期（1999），頁29–33。

17　全名為「中共中央華南分局」。1946年，國共談判破裂，內戰爆發，為有利統籌重慶與上海的黨員抵抗國民黨，在1947年5月設立中共中央香港分局，成為香港、澳門、南洋的地下黨指揮中心。1949年6月起遷往潮梅解放區，改稱「中共中央華南分局」。江關生著：《中共在香港（上卷）（1921–1949）》，頁207–208。

18　葉劍英（1897–1986），廣東省梅縣人。早年曾參與討伐陳炯明的兩次東征、北伐戰役、武昌起義、廣州起義，並籌建廣州黃埔軍校。1927年加入中國共產黨，曾參與紅軍的長征，也推動國共兩黨的第二次合作。抗日期間，在武漢、重慶等地參與領導黨的統一戰線工作。見《現代中國政界要人傳略大全》，頁129–130；葉劍英傳編寫組著：《葉劍英傳》（北京：當代中國出版社，1995）。

19　粟裕（1907–1984），出生於湖南會同，侗族。1927年加入中國共產黨，曾參與南昌起義、歷史反「會剿」與反「圍剿」戰役。抗日期間任新四軍第二支隊副司令員、江南指揮部與蘇北指揮部副指揮等職。第二次國共內戰期間，主要指揮濟南戰役、淮海戰役、渡江戰役、上海戰役等。見粟裕著：《粟裕戰爭回憶錄》（北京：解放軍出版社，1988）；〈粟裕〉，網頁：http://baike.baidu.com/view/1827.htm，擷取日期：2016年5月3日。

20　韓戰於1950年6月25日開始，1953年7月27日結束。韓戰爆發時，毛澤東為支持北韓抵抗南韓，提出「抗美援朝，保家衛國」，號召民眾支持新中國參戰，抵抗美國、援助朝鮮（北韓）。見朱紹武著：〈紀念抗美援朝，反對篡改歷史〉，載中華人民共和國國史學會編：《抗美援朝：60年後的回眸》（北京：當代中國出版社，2011），頁106–108。

21 1950年6月，美國總統杜魯門決定軍事上協助南韓，並將韓戰之事帶到聯合國討論，會議上決定由美軍以聯合國部隊名義參戰，7月7日任命美國麥克亞瑟元帥出任總司令，7月25日英國決定參戰，隨後澳洲、新西蘭、法國、加拿大、比利時、荷蘭、土耳其相繼加入，印度也派出軍醫援助。見Brian Catchpole, *The Korean War, 1950–53* (New York: Carroll & Graf, 2000), pp. 5–10, 16–17。

22 韓戰之後，在指朝鮮半島上沿北緯38度線設立的一條軍事分界線，將大韓民國及朝鮮民主主義人民共和國分隔。

23 馬修‧邦克‧李奇微著，王宇欣譯：《李奇微回憶錄：北緯三十八度線》（北京：新華出版社，2013）；Matthew B. Ridgway, *The Korean War: How We Met the Challenge: How All-Out Asian War was Averted: Why Macarthur was Dismissed: Why Today's War Objectives Must Be Limited* (New York: Da Capo Press, 1967).

24 1925年6月23日，群眾到廣州市沙面抗議，當通過沙基的窄巷時，遭到租界兵和巡捕的射擊，死傷枕藉，稱為「沙基慘案」，見陳永發著：《中國共產革命七十年》（臺北：聯經出版，2001），頁168–171；余炎光：〈「沙基慘案」始末〉，《歷史教學》，第2期（1958），頁21–23、25。

25 以提高重工業產生的「大躍進」運動，衍生出「全民大煉鋼」口號，號召民眾以土高爐「土法煉鋼」，動員龐大人力物力。結果產量雖上升，但鋼產品質素參差，不能應用。徐中約著，計秋楓、徐慶葆譯：《中國近代史》，頁662–663。

26 1958年2月，全國人民代表大會（全國人大）宣佈展開為期三年的經濟改革，農業方面，提出「人有多大膽，地有多大產」的口號，鼓勵生產；工業方面則希望鋼鐵、電力及煤於1958年增產兩成。惟「全民大煉鋼」浪費大量人力資源卻生產了廢鐵，加上地方虛報農產量，導致中央政府錯誤估計情況，釀成1959至1961年間的大饑荒。徐中約著，計秋楓、徐慶葆譯：《中國近代史》，頁662–665。

27 1950年，為了鞏固新中國政權，中國共產黨中央委員會發動「鎮壓反革命運動」，打擊國民黨殘餘分子、特工及土匪等「反革命」分子，要求民眾「打得穩、打得準、打得狠」，運動在1952年底結束。《中國革命史》編寫組著：《中國革命史》（呼和浩特：內蒙古人民出版社，1987），頁488–489。

28 「清匪反霸」是1950年「鎮壓反革命運動」中的一個口號，意指清除土匪，反抗惡霸。見《中國革命史》，頁488；杜潤生主編：《中國的土地改革》（北京：當代中國出版社，1996），頁297–317。

29 1950年中央通過推行土地改革，惟廣東幹部提議「循序漸進」以配合當地情況，更對1950年11月由中央派往廣東的陶鑄促進土改進程的行動表示不服從，廣東被認為是「右傾」、蔑視中央。1952年6月，毛澤東於北京召開會議批評廣東省幹部的「地方主義」態度拖慢土改進程。結果方方被降職，葉劍英被調往北京，陶鑄則同時針對打擊中下級幹部，其中有八成被革職。陳瑞章著：《東江縱隊：抗戰前後的香港游擊隊》，頁133–150。

30 1950年6月30日，《中華人民共和國土地改革法》頒佈，展開土地改革運動(簡稱「土改」)，號召廢除「封建剝削的土地所有制」，沒收地主之財產及農具，重新分配予貧農；「土改」使地主蒙受相當大的損失，也導致傳統地方精英(士紳)階級的瓦解。徐中約著，計秋楓、徐慶葆譯：《中國近代史》，頁660–661。

31 鄭群(1921–)，廣東五華人。1938年加入中國共產黨，曾任中共紫金縣特派員、粵贛湘邊區縱隊東江第二支隊司令員等。中華人民共和國建國後，任順德縣縣長、中共粵中區委農村部副部長、廣東省委統戰部部長等職。見霞山會編，外務省アジア局監修：《現代中國人名辭典》(東京：霞山會，1966)，頁1295；〈鄭群〉，網頁：http://www.baike.com/wiki/鄭群，擷取日期：2016年5月3日。

32 此名詞出於1950年6月中國人民政治協商會議(簡稱「政協會議」)一屆二次會議中，毛澤東所作之閉幕演講。當時毛澤東號召民眾一致支持土地改革法：「像過好『戰爭關』(指對國民黨之戰鬥)一樣過『土改關』」。徐文欽著：《崛起之路：共和國風雲60年》(北京：中央文獻出版社，2009)，頁14。

33 根據《葉劍英傳》，南方大學於1950年2月在廣州東郊開辦，1952年10結束，葉劍英出任大學委員會主任，兼任校長。范碩、丁家琪著：《葉劍英傳》(北京：當代中國出版社，1995)，頁485–487。

34 杜國庠(1889–1961)，廣東澄海出生，留學日本，先後在北京大學、中國大學等任教。1928年加入中國共產黨，抗戰勝利後曾潛赴香港擔任《文匯報》、《新思潮》周刊之主編。見林洪、曾牧野、張難生、張磊：〈遺澤永在、風範常存：紀念杜國庠同志誕辰一百周年〉，《廣東社會科學》，第1期(1989)，頁3–8。

35 李漢沖(1909–1972)，福建上杭人。上海復旦大學畢業，曾任第十九路軍營、團長。1930年任第78師上尉書記，閩西保安團上尉副官。1939年任第95師參謀。1946年任廣州行轅參謀處少將處長。1948年任福建省第六

區行政督察專員，保安司令。1949年5月21日參加閩西起義。中華人共和國成立後，任廣東省林業廳副廳長，省政協委員。見劉國銘主編，黃晉明、陳予歡、王叔凱副主編：《中國國民黨百年人物全書》（北京：團結出版社，2005），頁836。

36　陳一林（1911–），廣東蕉嶺人。曾任中央軍校第四分校參謀隊、國民政府廣東省保安第十團團長、粵桂邊區人民革命武主動裝第八支隊司令員，後來任廣州市政協副主席。見霞山會編，外務省アジア局監修：《現代中國人名辭典》，頁1190；〈陳一林〉，網頁：http://baike.baidu.com/view/3679802.htm，擷取日期：2016年5月3日。

37　見第八章。

38　粵軍是在孫中山親自領導下建立，是對1917年「援閩粵軍」建立後所形成的軍事集團的統稱。雖然沒有固定的番號，但由於其一脈相承的背景，習慣上被統稱為「粵軍」。粵軍是近代國民黨軍隊精英的搖籃，曾培育大批軍事人才，國民黨軍政界顯要人物如蔣介石、李濟深、鄧演達、陳誠等，早年均曾在粵軍任職，國民黨統治時代廣東軍政要員陳銘樞、陳濟棠、張發奎、余漢謀、薛岳等，俱為粵軍出身。見廣東省政協文史資料研究委員會編：《粵軍史實紀要》（廣州：廣東人民出版社，1990），頁1–4。

39　曾天節（1906–1995），廣東五華人。1926年加入中國共產黨，曾任共青團五華縣委書記、中共東江特委委員、中共五華縣委書記、國民革命軍第四軍參謀、中國人民解放軍粵贛湘邊區縱隊第四支隊司令員等。見廣東省政協文史資料研究委員會、廣東省交通廳、中共梅州市五華縣委黨史研究室編：《曾天節》（廣東：廣東省政協文史資料研究委員會、廣東省交通廳、中共梅州市五華縣委黨史研究室，1996）。

40　莫雄（1891–1980），廣東英德人。年青時加入同盟會，加入新軍。曾參與寧、瀘、贛、閩、黔、粵各地戰役，屢立戰功，亦曾參與黃花崗起義、護國討袁、討伐陳炯明、北伐戰役等。抗戰期間任南雄縣縣長、韶關地區行政督察專員兼保安司令、挺進第二縱隊司令，並組織抗戰隊伍。見廣東省政協、廣州市政協、英德縣政協文史資料研究委員會合編：《莫雄回憶錄》（廣州：廣東人民出版社，1991）。

41　宋子文（1894–1971），廣東文昌人。1920年代後期，歷任國民政府財政部長、中央銀行總裁、行政院長、中國銀行董事長、最高經濟委員會主席、外交部長、駐美國特使、廣東省政府主席、中國國民黨中央執行委

員會常務委員。見楊者聖著：《國民黨金融之父宋子文》（上海：上海人民出版社，2011）；楊菁著：《宋子文傳》（石家莊：河北人民出版社，1999）。

42 范碩、丁家琪著：《葉劍英傳》，頁490–493、496。

43 陶鑄（1908–1969），湖南祁陽人，年青時考入黃埔軍校。1930年代初曾任中共福建省委秘書長、福州中心市委書記，亦建立閩南工農紅軍游擊總隊與閩東地區的武裝力量。中華人民共和國成立後，歷任中共廣東省委第一書記、廣東省人民政府主席、省長，兼任暨南大學校長，其後，任國務院副總理、中共中央政治局常委等職。鄭笑楓、舒玲著：《陶鑄傳》（北京：中共黨史出版社，2008）。

44 趙紫陽（1919–2005），河南省滑縣人。1932年加入中國共產主義青年團，1938年加入中國共產黨。解放戰爭期間，曾參與鄧縣戰役、襄樊戰役等，領導開闢與建設桐柏解放區。中華人民共和國成立後，歷史中共中央華南分局農村工作部部長、分局副書記。1980年代，曾擔任國務院副總理，全面改革國民經濟，與日本、非洲等地發展經濟關係。見《現代中國政界要人傳略大全》，頁651–652；趙紫陽著：《改革歷程》（香港：新世紀出版社，2009）。

45 方方（1904–1971），廣東普寧人。1925年加入共青團，1926年加入中國共產黨。抗戰期間，任中共閩粵贛邊區省委書記、中共南方工作委員會書記。解放戰爭時期曾任中共香港分局書記、中共中央華南分局第三書記。廣州解放後，任廣東省人民政府第一副主席兼省土地改革委員會主任。1950年代，曾任中央統戰部副部長、國家華僑委黨組書記等職。見陸永棣、劉子健著：〈方方同志革命歷程〉，《嶺南文史》，第4期（1999），頁23–27；宋鳳英：〈華南分局重要領導人方方蒙冤始末〉，《黨史文苑》，第17期（2007），頁13–17。

46 從馬克思理論的「革命發展階段論」的角度，一個社會要先經過資本主義社會階段，然後才進入社會主義社會階段。見王國炎、衛小周、李國振主編：《馬克思主義哲學大辭典》（北京：中國廣播電視出版社，1993），頁148–151。

47 〈關於正確處理人民內部矛盾的問題〉淺說編寫組：《〈關於正確處理人民內部矛盾的問題〉淺說》（上海：上海人民出版社，1974）。

48 陳永發著：《中國共產革命七十年》，頁642–677。

49 1962年1月11日至2月7日，中共在北京人民大會堂召開擴大的中央工作

會議，約七千人參加，被稱為「七千人大會」。與會者有來自全國各地的縣委、地委、省委、大區級黨委書記，以及各重要廠礦黨委書記等，目的是要對大躍進以來經驗進行初步總結。見張素華著：《變局：七千人大會始末：1962年1月11日–2月7日》(北京：中國青年出版社，2006)；陳永發：〈毛澤東與七千人大會：民主發揚還是文革預演？〉，《中央研究院近代史研究所集刊》，第69期(2010)，頁127–169。

50　修正主義是指對馬克思學說的篡改，見列寧：〈馬克思主義與修正主義〉，載學習雜誌編輯部編輯：《社會主義教育課程的閱讀文件彙編》(第一編)(北京：人民出版社，1957)，頁1014–1022。

51　1966年全國所有高等院校停止招生，廢除高考；大學以推薦和選拔工農兵的規定招收學生。1973年對收生規定作了修訂，增加語文、數學、理化三科的書面文化考查；該年的考試是文革十年中唯一一次大學招生考試。張鐵生是遼寧興城縣白塔公社棗山大隊的插隊落戶青年，後來當上生產隊小隊長，得到參加大學招生文化考試的機會。在最後一場理化考試中，他在整張試卷題只做三道小題，其餘一片空白，但他在試卷背面寫了「給尊敬的領導的一封信」，説自己因為有貧下中農的事業心和革命良心，而不忍心放棄生產進行複習，所以考得不大好，但希望各級領導對他這個小隊長加以考慮。當時的中共遼寧省委書記毛遠新刪改原信並在《遼寧日報》發表，編者按説：張鐵生對「物理化學這門課的考試，似乎交了『白卷』，然而對整個大學招生的路線，交了一份頗有見解、發人深省的答卷。」跟着《人民日報》及《紅旗》雜誌等也紛紛轉載，張鐵生便成了「白卷英雄」。1973年秋天，張鐵生被鐵嶺農學院畜牧獸醫系錄取，並破例成為共產黨黨員。1975年，他在北京召開的第四屆人大當選為人大常委；同年8月升任鐵嶺農學院領導小組副組長，黨委副書記。見張淑燕：〈「白卷英雄」張鐵生事件始末〉，《時代人物》，第4期(2012年)，頁121–123。

52　參看程晉寬著：《「教育革命」的歷史考察：1966–1976》(福州：福建教育出版社，2001)，頁253–274。

53　西柏坡鎮，位於河北省石家莊市平山縣，1948年中共中央、中央軍委和中國人民解放軍總部駐於西柏坡，是共產黨歷史上一個極其重要的轉折時期，是中共中央進入北平，解放全中國的最後一個農村指揮所。見西柏坡紀念館編：《西柏坡：新中國從這裏走來》(北京：人民出版社，2005)。

54 這可以說是共產黨歷史上最有幽默感的電報，新華通訊社社長廖承志於1948年4月發給中央：「五一節快到了，中央有什麼屁要放？」見李傳璽：〈「五一口號」的發布及其歷史意義〉，《廣東省社會主義學院學報》，第2期 (2008)，頁36–42；另見江關生著：《中共在香港（上卷）(1921–1949)》，頁265–271。

55 郭沫若 (1892–1978)，四川樂山人。年青時赴日本留學，並在當地從事文學活動。1920年代初回國後從事新文學運動，出版新詩集，抨擊舊道德的歷史劇，組織文學團體。曾隨國民革命軍參與北伐，亦參與南昌起義。其後旅居日本，進行中國古代史、甲骨文與金文的研究。抗戰期間，參與組織抗日救亡運動。中華人民共和國成立後，歷任中央人民政府委員、國務院副總理兼文化教育委員會主任、中國科學院院長、哲學社會科學部院長等職。見《現代中國政界要人傳略大全》，頁765–766；《新中國名人錄》，頁95–96；郭沫若著：《郭沫若自傳》（南京：江蘇文藝出版社，1996）。

56 1948年4月30日至5月7日，中共中央書記處擴大會議在河北省阜平縣城南莊召開，討論通過中共中央慶祝「五一」節口號，提出各民主黨派，各人民團體，各社會賢達迅速召開政治協商會議，討論並實現召集人民代表大會，成立民主聯合政府。見《西柏坡：新中國從這裏走來》，頁175。

57 張瀾 (1872–1955)，四川南充人。清末秀才，青年時赴日本留學，其後一直在四川從事教育工作。五四運動時，支持新文化運動與青年出國留學。抗日期間，積極參與抗日民主運動，組織統一建國同志會，後來加入中國民主政團同盟（後改名為中國民主同盟），成為中央執行委員。中華人民共和國成立後，歷任中央人民政府副主席、中國民主同盟中央主席、第一屆全國人民代表大會常務委員會副委員長等職。見《現代中國政界要人傳略大全》，頁459–460；《新中國名人錄》，頁452–453。

58 何香凝 (1878–1972)，廣東南海人，香港出生，曾留學日本。早期經孫中山介紹加入同盟會，參與反清革命運動，曾參與討袁護國鬥爭、討伐桂系軍閥等。1924年國共合作期間，支持孫中山的新三民主義的革命綱領，改組國民黨，並選為國民黨中央執行委員和婦女部部長。四一二反革命政變後，辭退國民黨所有職務，進行反蔣鬥爭。其後旅居英國、法國，九一八事變後返上海參與救國運動。中華人民共和國成立後，歷任中央人民政府委員、華僑事務委員會委員、中國美術家協會主席等職。見《現代中國政界要人傳略大全》，頁407–408；《新中國名人錄》，頁

108–109；何香凝著：《回憶孫中山和廖仲愷》(北京：生活·讀書·新知三聯書店，1978)。

59　廖仲愷(1877–1925)原名恩煦。廣東惠陽人，生於美國三藩市華僑家庭，1893年回國，1896年入讀香港皇仁書院。1897年與何香凝結婚。1902年赴日本留學，並結識孫中山，後成為孫中山革命事業的得力輔弼。1905年加入中國同盟會，任總部外事部幹事。1911年辛亥革命後，廖仲愷任廣東省軍政府總參議，兼理財政。1913年二次革命失敗後，隨孫中山先生逃到日本。之後一直追隨孫中山先生之革命及建國事業，是一位出色的理財政家。廖仲愷是中國國民黨領導下的軍隊的創建者和領導者之一，是黃埔軍校的創辦人，也是孫中山聯俄政策的主要策劃者。他曾擔任很多不同的職位，有效地協助孫中山推行革命運動。1925年參加國民黨中央常務會議時，在中央黨部大門前被刺殺身亡。見《現代中國政界要人傳略大全》，頁917–918；陳福霖、余炎光著：《廖仲愷年譜》(長沙：湖南出版社，1991)。

60　見黃嫣梨著：《巾幗何讓鬚眉：中國婦女史研究論集》(香港：中華書局，2011)，頁160–161。

61　李少石(1906–1945)，廣東新會人。第一次國內革命戰爭時期加入中國共產主義青年團，不久加入中國共產黨。曾在香港海員工會、上海和蘇區的香港交通站、上海工人通訊社、中共江蘇省委宣傳部工作。1934年被捕、1937年獲釋。抗戰後曾在港澳工作，後於重慶八路軍辦事處外事組工作。1945年10月乘汽車路經沙坪壩時遭襲擊，中彈犧牲。見鄭福林編著：《中國革命和建設歷史時期人物辭典》(長春：吉林人民出版社，1988)，頁250。

62　見李湄著：《家國夢縈：母親廖夢醒和她的時代》(香港：香港中和出版有限公司，2015)，頁254–272。

63　張國燾(1897–1979)，江西萍鄉人。1920年代參與創建共產黨，先後任中國勞動組合書記部總主任、中共中央執行委員會委員、中央組織部長。1930年代進入鄂豫皖蘇區，任紅四方面軍主要領導人。抗戰期間，投向國民黨。見張國燾著：《我的回憶》(3冊)(香港：明報月刊出版社，1971–1974)。1934年底，時任川陝區革命軍事委員會主席的張國燾實行「左」傾路線，污蔑廖承志是「蔣介石特務」，將他開除黨籍，撤職囚禁監視。廖承志沒有被張國燾槍殺，是因為廖承志父母廖仲愷及何香凝的聲望，以及共產國際和黨中央的壓力；實際上張國燾需要在根據地印行鈔

票，廖承志會刻蠟板、會畫畫，可以幫忙。〈長征路上周恩來智救廖承志〉，網頁：http://dangshi.people.com.cn/n1/2016/0511/c85037-28340336.html，擷取日期：2016年5月3日；鐵竹偉著：《廖承志傳》（香港：三聯書店〔香港〕有限公司，1999），頁158。

64　鄧文釗（1908–1971），劍橋大學經濟系畢業，二次大戰後任香港華比銀行副經理，與兄長鄧文田參與創辦《華商報》。1950年出任廣東省商業廳副廳長，1955年出任廣東省副省長。見鄧廣殷著：《我的父親鄧文釗》（北京：中國文史出版社，1998）；夏衍著：〈白頭記者話當年——記抗戰時期香港《華商報》〉，載中共廣東省委黨史研究室編：《省港抗戰文化》（廣州：廣東人民出版社，1994），頁192–199。

65　1950年9月27日，陳君冷被香港政府驅逐出境。〈陳君冷被逐出境事、民主會抗議〉，《華僑日報》，1950年10月16日，第2張，第1頁。

66　黃潔（1911–1966），廣東新寧人。早年僑居星加坡、印尼等地，為印尼巨港中華總商會副主席、印尼巨港信記有限公司總經理，曾組織華僑支援中國的抗日戰爭和解放戰爭。1951年4月，黃潔、薛兩清、王源興、李祝朝與施予卿等組成的「印尼華僑工商業回國考察團」到中國實地考察，活動結束後，黃潔留居廣州，發展華僑投資企業。〈黃潔：新中國華僑投資的先驅〉，《人民日報海外版》（2009年7月28日，第06版）。

67　蟻美厚（1909–1994），廣東澄海人。1920年代，跟隨蟻光炎前往泰國經商。抗戰期間任泰國中華總商會常委、暹羅華僑各界建國救鄉聯合總會會長，亦參與組織中國民主同盟泰國支部。中華人民共和國成立後，任中央人民政府華僑事務委員會委員、廣東省政協副主席、廣東省華僑事務委員會副主任、中國民主同盟廣東省委常委等職。見文生著：〈忠貞愛國鞠躬盡瘁：緬懷蟻美厚先生〉，《黨史縱橫》，第4期（1999），頁34–36。

68　黃長水（1904–1980），福建省惠安縣人。9歲隨父到菲律賓，中學畢業後回國入讀上海暨南大學，畢業後於1930年返回菲律賓。1931年九一八事變後，參加救國宣傳，籌款支持抗日活動。1938年，支持和幫助「菲律賓華僑歸國抗日義勇隊」回國參加八路軍、新四軍。1947年初與港澳工商界人士在香港組成「華僑工商俱樂部」，出任會長，支持中國人民解放事業。新中國成立後，黃長水毅然回國，把海外大部分資金調回國內投資。見民建廣州市委員會：〈愛國華僑黃長水〉，《廣州文史》，第67輯，網頁：http://www.gzzzxws.gov.cn/gzws/gzws/ml/67/200809/t20080912_7455.htm，擷取日期：2016年5月3日。

69　陳祖沛（1916–2006），廣東新會人。一直在香港、廣州、天津、上海、長
沙等地經商。曾為華北解放區提供支援物資，資助香港《華商報》。中華
人民共和國成立後，加入中國民主建國會。歷任全國工商聯常委、政協
副主席、人大常委會副主任等職。見〈陳祖沛〉，網頁：http://baike.baidu.
com/subview/307384/307384.htm，擷取日期：2016年5月3日；中共人名
錄編修委員會編修：《中共人名錄》（臺北：國立政治大學國際關係研究中
心，1983），頁586。

70　1951年中國政府開展「三反」運動，對各級黨政機關進行「反貪污」、「反
浪費」及「反官僚主義」。1952年，在「三反」運動的基礎上進行「五反」，
對象是大中城市的私營工商業業主，要消滅他們的「行賄、偷稅漏稅、盜
騙國家資財、偷工減料、盜竊國家經濟情報」等「五毒」行為。但過程卻
製造了不少冤錯假案。陳永發著：《中國共產革命七十年》，頁495–505、
617–621。

71　「香港革新會」（Reform Club of Hong Kong）由貝納祺於1948年創立。見
"Lawyer and fighter for rights Brook Bernacchi dies at 74." *South China Morning
Post*, September 23, 1996 (webpage: http://www.scmp.com/article/175100/lawyer-
and-fighter-rights-brook-bernacchi-dies-74, accessed on July 11, 2016); Catherine
M. Jones, *Promoting Prosperity: The Hong Kong Way of Social Policy* (Hong Kong:
Chinese University Press, 1990), p. 66。

72　全名「香港華人革新協會」，又名「華革會」，由一群香港學者、律師及商
人於1949年成立，就香港的政策推行及改革提出批評及建議，及提升香
港人的政治意識。華革會與工聯會及中華總商會為1980年代香港主權問
題進入正式討論前的三大親共團體。見蔡渭衡著：〈華革創會歷程〉，載
《香港華人革新協會六十週年鑽禧紀念特刊》（香港：香港華人革新協會，
2009），頁43–45。

73　陳君葆（1898–1982），廣東香山人。畢業於香港大學文學院。1930年代
於香港大學任教，歷任馮平山圖書館館長。亦為香港中英文協會、港大
文學會、新文字學會的倡導者之一。並發表詩集《水雲樓詩草》、《水雲樓
詞》等作品。抗戰期間，負責接應中國一批古籍及歷史檔案經香港運至海
外，惟適逢太平洋戰爭爆發，被日軍查獲並運返日本。見陳君葆著：《陳
君葆日記》（香港：商務印書館，1999）。

74　莫應溎（1901–1997），廣東珠海人。畢業於英國劍橋大學經濟系和倫敦
法律學院。其家族三代一直為英資太古洋行的買辦。曾擔任香港太古洋

行的副買辦及律師，後來當上執業大律師，曾擔任香港華人革新協會之主席及副主席，以及香港華南體育會、中華體育會、華人體育協會等組織的會長。亦任香港特別行政區《基本法》起草委員會委員、第五屆廣州市人大代表等職。見〈香港華人革新協會〉，網頁：http://www.hkcra.com/web/subpage.php?mid=19，擷取日期：2016年5月3日。

75　蔡渭衡(1924–2011)，廣東三水人。戰後曾於香港泰和及和記等洋行工作。發起組織華人革新會，並曾擔任該會主席、副主席及秘書長。亦參與六七暴動，被捕入獄。後來，任泰和洋行及和記中國貿易公司董事，1980年代法國興業銀行中國代表處高級顧問、煒建諮詢有限公司合夥人。亦任廣東省第五、六屆政協委員、第八屆全國人大代表。見〈老左派蔡渭衡下周一設靈〉，《蘋果日報》，2011年4月13日，網頁：http://hk.apple.nextmedia.com/news/art/20110413/15162780，擷取日期：2016年5月3日；〈香港華人革新協會〉，網頁：http://www.hkcra.com/web/subpage.php?mid=19，擷取日期：2016年5月3日。

76　黃祖芬(1907–1992)，中山人。1930年代於其父在香港創辦的中華中學任教，後來接任校長。抗戰期間，支持文化界進步人士，並借出校舍設中國新聞學院，亦成立中華中學籌賑會，徵集後勤用品以支持前線。抗戰勝利後，在港復辦中華中學。1960年代，任廣東省政協委員。改革開放後，在香港辦學。〈香港華人革新協會〉，網頁：http://www.hkcra.com/web/subpage.php?mid=19，擷取日期：2016年5月3日。

77　1951年11月21日，東頭村木屋區發生大火，燒毀萬多間房屋，〈東頭村木屋區大火，毀屋萬多間〉，《大公報》，1951年11月22日，第1張，第4版。

78　王兆慶：〈「三 • 一事件」憶往〉，《大公報》，2013年3月3日，第B06版。

79　政協全國委員會辦公廳編：《霍英東：風範長存》(北京：中國文史出版社，2007)，頁201–206。

80　Penicillin，或音譯盤尼西林，是常用的抗生素，能在細菌細胞的繁殖期起殺菌作用。

81　耶穌會在公元1540年創立。12年後，耶穌會士聖方濟各 • 沙勿略神父抵達上川島，候船往廣州期間，不幸在1552年12月2日病逝。他是耶穌會中前來中國的先驅者，其後耶穌會的神父紛紛步其後塵，前來中國傳教。1639年(明崇禎十二年)，澳門教會在上川島立了一塊刻有中葡文字的石碑，並建有小教堂紀念沙勿略。《香港商報》，2012年11月29日，第A27版；Margaret Yeo, *St. Francis Xavier: Apostle of the East* (London: Sheed &

Ward, 1932), pp. 308–319; 費賴之 (Aloys Pfister) 著，馮承鈞譯：《入華耶穌會士列傳》(臺北：臺灣商務印書館，1960)，頁 8–20。

82　利瑪竇 (Matteo Ricci) 在 1582 年 (萬曆十年) 來到澳門開始傳教。

83　馬禮遜 (Robert Morrison，1782–1834，香港的另一個中文譯名是「摩利臣」)，英國新教來華的第一名傳教士。早年就讀於倫敦霍士敦學院 (Hoxton Academy) 和高士坡宣教學院 (Missionary Academy at Gosport)。後來在倫敦研習天文、醫學和中文。1804 年進入倫敦宣道會 (London Missionary Society)，1807 年受按立為牧師，同年來華傳教，抵廣州。他曾翻譯出版很多著作：刻印中文《使徒行傳》、編成《中國言法》、漢譯《新約聖經》、漢譯《舊約聖經》，以及編《華英字典》、《中國一覽》、《廣東省土語字彙》等書。他還吸收了第一個華人基督徒蔡高，按立了第一位華人宣教師梁發。見《基督教詞典》編寫組著：《基督教詞典》(北京：北京語言學院出版社，1994)，頁 328；〈馬禮遜〉，《華人基督教史人物辭典》，世華中國研究中心，網頁：http://www.bdcconline.net/zh-hant/stories/by-person/m/ma-lixun.php，擷取日期：2016 年 5 月 3 日。

84　洪秀全 (1814–1864)，廣東花縣人。道光年間創建拜上帝會，反抗清朝統治，建立太平天國。1853 年以南京為首都，改其名為天京。見簡又文著：《太平天國全史》(香港：簡氏猛進書屋，1962)。

85　周壽臣 (1861–1959)，是香港殖民地時期首名華人議政局成員，成為香港政府與民間華人的溝通橋樑。他積極參與慈善活動，成立香港保護兒童會，亦曾是保良局及東華三院顧問。曾參與創立東亞銀行，並任銀行主席 30 多年。見鄭宏泰、周振威著：《香港大老：周壽臣》(香港：三聯書店〔香港〕有限公司，2006)。

86　何東 (1862–1956) 於中央書院畢業。最初在海關任職，後轉入渣甸洋行，任華人部初級助理員，再獲升為買辦，管理洋行旗下多個重要企業。後來與其弟成立何東公司，從事不同類型的投資。見鄭宏泰、周振威著：《香港大老：何東》(香港：三聯書店〔香港〕有限公司，2007)。

87　清末民初革命家孫中山 (1866–1925)、陳少白 (1869–1934)、尤列 (1866–1936)、楊鶴齡 (1868–1934) 四人常在香港聚會高談造反覆清，故被稱為「四大寇」。中華民國開國五十年文獻編委員會編纂：《革命源流與革命運動》第 9 冊 (臺北：中華民國開國五十年文獻編纂委員會，1963)，頁 512–513。

88　1894 年，興中會於美國檀香山成立，為孫中山領導國民革命組織的第一個革命團體，先後於廣州、臺灣、河內、東京、舊金山等地設

立分會，策劃起義。及至同盟會成立後，興中會併入其中。見〈興中會〉，《中華百科全書》，網頁：http://ap6.pccu.edu.tw/encyclopedia/data.asp?id=3180&htm=09-142-5206興中會.htm，擷取日期：2016年5月3日。惟建立興中會之動機，早於香港及廣州開始，見《革命源流與革命運動》第9冊，頁282–283、509–512。

89 同盟會於1905年，在日本東京成立。會員以興中會、華興會、光復會，及日本與歐洲留學生為基礎。孫中山先生任總理，執行部其中以庶務部最為重要，由黃興 (1874–1916) 負責，黃氏乃成為同盟會實際上的副領袖。同盟會先後策劃多場起義，如黃岡之役、惠州七女湖之役等，及至辛亥革命推翻清政府，創建中華民國。同盟會亦同時改組成為公開政黨，其後，與其他四個政黨合組成為國民黨。見〈興中會〉，《中華百科全書》，網頁：http://ap6.pccu.edu.tw/encyclopedia/data.asp?id=342&htm=02-058-0678中國同盟會.htm，擷取日期：2016年5月3日。

90 廖蓋隆指出在共產國際的幫助和中國共產黨的建議之下，孫中山於1924年在廣州召集了第一次國民黨全國代表大會，與會中有共產黨人，訂出「聯俄、聯共、扶助農工」的三大政策，重新解釋了三民主義，實現國共兩黨的合作。惟李雲漢認為那只是用來欺騙國民黨人的背景，用以替代三民主義。見廖蓋隆著：《新中國是怎樣誕生的》(上海：海燕書店，1952)，頁8–9；李雲漢著：《從容共到清黨》，頁556。

91 黃埔軍校，原稱為中華民國陸軍軍官學校，於1924年成立；是第一次國共合作的產物。1924年至1949年間，大部分軍校畢業生參與了北伐、中原大戰、第一次國共內戰、抗日戰爭等戰役。見黃振涼著：《黃埔軍校之成立及其初期發展》；廣東革命歷史博物館編：《黃埔軍校史料1924–1927》(廣州：廣東人民出版社，1985)。

92 民國初年，政局混亂，廖仲愷先後多次擔任與財務有關的職位，1911年擔任廣東軍政府財政部副部長，1912年擔任廣東軍政府財政司司長，1917年，護法軍政府在廣州成立，被任命為財政次長，接着特任署理財政總長。1921年，廣東革命政府成立，出任財政部次長，繼而兼任廣東省財政廳廳長。1923年被任命為財政部部長，兩個月後被調任廣東省省長。見尚明軒著：《廖仲愷傳》(北京：北京出版社，1982)，頁196–216。

93 當時皇仁書院的名稱為「中央書院」。

94 王寵惠 (1881–1958)，廣東東莞人，香港出生，入讀香港聖保羅學校及

皇仁書院。1895年考入天津北洋大學堂，1901年赴日本留學並參與創辦
《國民報》。1902年前往美國耶魯大學入讀法學，獲博士學位，並取得英
國律師資格。1905年加入同盟會，1911年辛亥革命爆發後被聘為滬軍都
督陳其美之顧問；又以廣東代表身份出席南京會議，被推為各省代表會
議之副議長。1912年任南京臨時政府外交總長及司法總長；及後擔任職
位都與法律工作有關，多次出任司法院院長。1923年及1929年，分別被
選為海牙國際法庭法官。1949年前往香港，再轉赴臺灣，任臺灣國民黨
政府司法院院長。見《現代中國政界要人傳略大全》，頁54–55；余偉雄
著：《王寵惠與近代中國》(臺北：文史哲出版社，1987)。

95　2014年9月26日至12月15日，香港市民及學生以公民抗命方式，佔領
中環、銅鑼灣、旺角等地區之主要街道，爭取香港政制改革。見區家麟
著：《傘聚》(香港：天窗出版社，2014)。

96　毛澤東著：《新民主主義論》(北京：人民出版社，1952)。

第五章

1　范碩、丁家琪著：《葉劍英傳》。

2　「山雨欲來風滿樓」詩句，出自唐朝詩人許渾的七律詩《咸陽城東樓》。毛
澤東談及國際形勢時，多次以「山雨欲來風滿樓」、「燕子低飛」說出他認
為戰爭迫在眉睫的估量。1973年，周恩來在「十大」政治報告中引用這句
詩來描述當時的國際形勢。見《齊齊哈爾師範學院學報》，第4期(1973)，
頁35。

3　饒彰風(1913–1970)，廣東大埔人。1936年加入中國共產黨，抗戰
期間任廣東省委宣傳部部長、東江特委宣傳部部長、粵北省委統戰
部部長等職。解放戰爭時期，在香港負責籌辦《正報》、復刊《華商
報》，相繼任新華通訊社社長、中共港粵工委委員、新華社新加坡分
社社長、中共中央香港分局秘書長、香港工委書記等。見中共廣東省
委黨史研究委員會、中共廣東省委黨史資料徵集委員會編：《回憶饒
彰風》(香港：三聯書店〔香港〕有限公司，1989)；〈豐碑永在風範長
存——紀念饒彰風同志誕辰100周年〉，網頁：http://dangshi.people.com.cn/
BIG5/n/2013/0527/c85037-21630639.html，擷取日期：2016年5月3日。

4　1956年初，毛澤東提出「百花齊放，百家爭鳴」，讓大家敢於講意見。但
當社會上的批評愈來愈多時，毛認為會危及中共的政治領導地位，於是

在1957年展開反擊，很多知識分子遭到批判和處分，有些被撤職，嚴重的被送勞改或判刑長期坐牢，這便是後來所謂的「反右運動」。參看陳永發著：《中國共產革命七十年》，頁642–675。

5　根據余汝信的研究，1956年，中共廣東省委之下設立海外工委，作為香港工作的前沿機構。不到半年，改稱港澳工委。1957年，廖承志認為港澳工委設在廣州，易受國內影響和干擾，便將整個港澳工委轉移到香港，下設外事、統戰、宣傳等工作機構。通訊社的新聞業務，則另由總社派出一總編輯負責。余汝信著：《香港，1967》（香港：天地圖書，2012），頁33。

6　中國政府很早便關注如何限制城市人口增長，1951年展開的戶口制度的主要目的，就是防止農村人口移居城市。儘管政府作了種種努力，在第一個五年計劃期間（1953–1957）仍有不少人從農村湧入城市，造成失業問題。1955年起，以蘇聯為榜樣，將部分城鎮青年送去墾荒隊。1956年，上山下鄉運動和解決失業問題被結合起來，並寫進了《1956年到1967年全國農業發展綱要（修正草案）》中。這也是第一次提出知識青年上山下鄉的概念。見潘鳴嘯（Michel Bonnin）、歐陽因（Annie Au-Yeung）譯：《失落的一代：中國的上山下鄉運動　1968–1980》（香港：中文大學出版社，2009），頁31–32。

7　馬萬祺（1919–2014），廣東海南人。抗戰期間在香港成立泰生行永裕昌，後來在澳門組織恒豐裕行、和生行、大豐銀號、恒記公司等任總監督、總經理等職。後歷任中共政協委員、政協副主席、全國人大代表等等。見李宗輝著：〈記澳門知名愛國人士馬萬祺〉，載王寅城等著：《港澳名人風采》（香港：勤＋緣出版社，1994），頁31–37。

8　何賢，廣東番禺人。1938年到港經商，後來赴澳門，任大豐銀號司理、董事長兼總經理；鏡湖醫院值理、副主席、主席。1947年後任澳門中華總商會副主席、副理事長、理事長、會長。亦任澳門政府政務委員會、立法委員會華人代表等職。見趙榮芳著：〈愛國實業家何賢〉，載廣東省政協文史資料研究委員會編：《創業者的足跡：港澳海外企業家創業史》（廣州：廣東人民出版社，1992），頁89–125。

9　喬冠華（1913–1983），江蘇鹽城人。1939年加入中國共產黨，1941年參與創辦香港《華商報》，1942年到重慶進行宣傳工作，為《新華日報》社論委員會成員。中華人民共和國成立後，歷任中華人民共和國赴聯合國代表團顧問、外交部外交政策委員會副主席及外交部部長助理、副部長、

部長、中國共產黨第十屆中央委員會委員等職。見《新中國名人錄》，頁273–274。

10　黃作梅 (1916–1955)，香港新界上水出生，1935年畢業於皇仁書院。1936年任港英政府文員，抗日戰爭爆發後參加香港的抗日愛國救亡運動和中國共產黨地下組織領導的讀書會，宣傳抗日救國思想。1941年在香港加入中國共產黨，1947年2月受命前往倫敦，以新華通訊社記者身份創建新華社倫敦分社。1949年調回香港，同年10月接替喬冠華出任新華社香港分社社長。作為中國代表團成員，1955年4月往印尼參加亞非會議，因飛機空難喪生。傅頤著：〈黃作梅：榮獲英皇勳章的共產黨人 (一) 〉，《廣東黨史》，第3期 (2000)，頁9–12；傅頤著：〈黃作梅：榮獲英皇勳章的共產黨人 (二) 〉，《廣東黨史》，第4期 (2000)，頁18–22、17。中共廣東省委黨史研究室編：《長空英魂：紀念黃作梅烈士文集》(香港：香港榮譽出版有限公司，2002)。

11　文化大革命年代對毛澤東的一種流行的膜拜方式，每天早上集體站在毛澤東畫像前，高呼「毛主席萬壽無疆」並說「遵照毛主席的教導」，是謂「早請示」；晚上則對毛澤東畫像匯報一天所做的事情。金哲輯：〈「文革」紀事〉，《黨史文苑》，2003年，第4期，頁34–35。

12　文化大革命年代的流行集體舞蹈，以文革歌曲作為背景，以舞蹈來表示對「偉大領袖」的忠心。王超著：〈文革時期的「忠字舞」〉，《文史精華》，2013年，第9期，頁71。

13　港英政府稱之為「六七暴動」，親中一方稱之為「反英抗暴」。見張家偉著：《香港六七暴動內情》(香港：太平洋世紀出版社，2000)；周奕著：《香港左派鬥爭史》(香港：利文出版社，2002)，頁393–410。

14　陳毅 (1901–1972)，四川樂至人。1922年加入中國社會主義青年團，一年後轉入中國共產黨。二十年代曾參與南昌起義、湘南起義。抗日期間歷任新四軍一支隊司令員、江南指揮部指揮、新四軍華中總指揮部代理總指揮等。解放戰爭期間，曾參與淮海戰役、渡江戰役、淞滬戰役等。中華人民共和國成立後，歷任上海軍事管制委員會主任、上海市市長、華東軍區黨委第一書記等職。見《現代中國政界要人傳略大全》，頁517–518；《新中國名人錄》，頁38。

15　黃永勝 (1910–1983)，湖北咸寧人。1927年加入中國共產黨，曾在中國工農紅軍第一軍團任排長至師長不同崗位等，亦參與中央革命根據地「圍剿」和長征。中華人民共和國成立後，任中共中央華南分局常委、華南軍區

參謀長、中南軍區副司令員等職。見《現代中國政界要人傳略大全》，頁
788–789。

16　丁盛(1913–1999)，江西于都人。三十年代初加入中國共產黨，曾任班
　　長、連指導員、紅二十八軍組織科科長、紅二十八軍二團政委，1955年
　　被授予少將軍銜。1962年中印邊境戰爭中，丁盛擔任東段戰事的指揮，
　　1968年任廣州軍區副司令員；1969至1973年任廣州軍區司令員，軍區黨
　　委第一書記；1972年起同時任中共廣東省委第一書記，廣東省革委會主
　　任。見《現代中國政界要人傳略大全》，頁1；星火燎原編輯部著：《中國
　　人民解放軍將帥名錄(第二卷)》(北京：解放軍出版社，1987)，頁2。

17　張彬(1931–2001)，河北正定人。1988年授予中國人民解放軍中將。曾任
　　總後勤部副部長。見〈張彬〉，網頁：https://zh.wikipedia.org/wiki/張彬_(解
　　放軍)，擷取日期：2016年5月3日。

18　楊光(1926–2015)，香港出生，1948年參加電車工會，1954年擔任電車工
　　會副主席。1959年起歷任工聯會副理事長、理事長及會長一職，楊光於
　　1967年出任「香港各界同胞反對港英迫害鬥爭委員會」主任，領導「反英
　　抗暴鬥爭」，後來被港英政府拘禁在摩星嶺政治部集中營。1973至1987年
　　擔任全國人大代表，1988至2003年擔任全國政協委員。〈工聯會前領袖獲
　　頒大紫荊惹爭議　六七暴動旗手楊光病逝〉，《明報》，2015年5月17日，
　　第A14版；〈畢生獻給愛國事業和工會運動　楊光逝世1926–2015〉，《大公
　　報》，2015年5月17日，第A03版。

19　張家偉著：《香港六七暴動內情》，頁103–105；江關生著：《中共在香港
　　(下卷)(1949–2012)》，頁233–235。

20　參考附錄三：新華通訊社香港分社的職能與演變。

21　祁烽(1920–2015)，廣東東莞人。1938年加入中國共產黨，中華人民共和
　　國成立後，歷任中央華南分局沙深寶邊區工作委員會書記、廣東省委統
　　戰部處長、副秘書長、新華通訊社香港分社副社長、廣東省第五、六屆
　　政協副主席。見梁上苑著：《中共在香港》(香港：廣角鏡出版社有限公
　　司，1989)，頁157–158；〈祁烽同志逝世〉，網頁：http://cpc.people.com.
　　cn/BIG5/n/2015/1018/c87393-27710359.html，擷取日期：2016年5月3日。

22　孟秋江(1910–1967)，江蘇常州人。抗日初期，於國民黨統治區進行救國
　　與新聞運動，為國際新聞社始創人之一，也是中國青年記者學會發起人
　　之一。1941年加入中國共產黨，抗日戰爭勝利後恢復國際新聞社，向國
　　內各地與海外華僑宣傳中國共產黨的建國方針與策略。1947年《文匯報》

被查封後，到香港進行國際新聞社與中國共產黨的統戰工作。1962年，孟秋江擔任香港《文匯報》社長，同時接手原由廖承志領導的香港《循環日報》。文化大革命期間在北京遭到殘酷迫害，1967年死於非命。見《新中國名人錄》，頁254；孟建英：〈「記者的道德」：追憶我的叔公孟秋江〉，《文匯報》，2011年11月20日，第8版。

23 范長江（1909–1970），四川內江人。1930年代參與抗日救亡運動，為北平《晨報》、《世界日報》、天津《益世報》寫稿，其後以《大公報》旅行記者身份，到川北、陝西、甘肅、寧夏、青海等地考察採訪，曾報道綏遠抗戰和西安事變。1938年，創辦中國青年新聞記者學會。1939年加入中國共產黨，1941年赴香港創辦《華商報》。中華人民共和國成立後，任中央人民政府政務院新聞總署副署長、《人民日報》社長、政務院文化教育委員會副秘書長、國務院第二辦公室副主任等職。見《現代中國政界要人傳略大全》，頁567–568；胡愈之、夏衍等著：《不盡長江滾滾來：范長江紀念文集》（北京：群言出版社，1994）。

24 李鵬（1928–），四川成都人，1945年加入中國共產黨。1950年代後期，任吉林豐滿發電廠副廠長、總工程師、東北電管局副總工程師等；1960年代後期任北京供電局負責人、黨委副書記等。1970年代，任北京電業管理局黨委副書記、革委會副主任等職。1980年代，考察省、市、自治區的電站與建設工地，並任國務院副總理、中央財政經濟領導小組成員等職。1989年至1998年出任總理。見《現代中國政界要人傳略大全》，頁312。

25 1950年代後期，中央出版系統派唐澤霖前往香港，統管在港的中資出版機構，包括三聯、中華、商務和新民主。來港後，先後成立和平書店、集古齋、新雅七彩畫片公司、萬里書店、利源書報社、百利唱片公司等。唐澤霖的位置後來由藍真（1924–2014）接替。見潘耀明著：卷首語，〈家國情懷〉，《明報月刊》，一月號（2015）；甘玉貞，〈訪蕭滋先生——香港圖書出版業發展訪談摘錄〉，網頁：http://www.hkpps.org/Common/Reader/News/ShowNews.jsp?Nid=1545&Pid=4&Version=0&Cid=245&Charset=big5_hkscs，擷取日期：2016年5月3日。

26 江青（1914–1991），原名李雲鶴，山東諸城人，是毛澤東第四任妻子，1933年加入中國共產黨。早期在業餘劇社、劇團、電影公司當演員，後來加入左翼教育工作者聯盟。中華人民共和國成立後，曾任中共中央宣傳部副處長、文化部電影藝術局顧問。1960年代文化大革命期間，因

與張春橋、王洪文、姚文元結成「四人幫」，企圖奪取黨和國家最高領導權，1981年被中華人民共和國最高人民法院特別法庭確認為反革命集團案主犯，判處死刑，緩期兩年執行，後改為無期徒刑，1991年在北京自殺身亡。見《現代中國政界要人傳略大全》，頁228–229。

27　康生 (1898–1975)，山東膠南人。1925年加入中國共產黨，任上海總工會幹事，中共上海大學特支書記、中共滬東區委書記。中華人民共和國成立後，繼任中共中央山東分局書記兼軍區政委和黨委書記、山東省人民政府主席、中央文教小組副組長、全國政協副主席；1975年病逝。1980年，中華人民共和國最高人民檢察院特別檢察廳起訴書指出，康生為林彪、江青反革命集團主犯。見《現代中國政界要人傳略大全》，頁822。

28　胡風 (1902–1985)，湖北蘄春人。中學時開始接觸五四新文學作品，後來任職於國民黨的宣傳、文化部門，並赴日本留學，從事普羅文學活動。1930年代返國，任中國左翼作家聯盟宣傳部長、行政書記，與魯迅常有來往。胡風的理論批評圍繞着現實主義的原則、實踐及其發展。1954年向中共中央撰寫《關於幾年來文藝實踐情況的報告》，被定為「胡風反革命集團」之首，被捕入獄，並開展全國範圍的批判。1979年獲釋，1980年平反。見胡風：《胡風自傳》(南京：江蘇文藝出版社，1996)；曉風、曉山、曉谷著：《我的父親胡風》(瀋陽：春風文藝出版社，2001)。

29　趙丹 (1915–1980)，山東肥城人。1932年加入中國左翼戲劇聯盟，其後成為明星影片公司演員，並加入上海業餘劇人協會。中華人民共和國成立後，一直在上海電影製片廠擔任演員、導演。1957年加入中國共產黨，曾任第一至第三屆全國人民代表大會代表、中國電影協會常務理事等職。見《新中國名人錄》，頁474。

30　彭真 (1902–1997)，出生於山西省曲沃縣。1920年代參與領導石家莊、天津、唐山等地的工人運動與愛國學生運動，1930年代任中共天津市委書記、北方局組織部長，繼續在華北進行地下革命運動。中華人民共和國成立後，任中央人民政府委員、中央人民政府政務院政治法律委員會副主任，歷任北京市市長、北京市委書記。1979年後，先後領導刑法、刑事訴訟法、憲法與一些法律的制訂。見《現代中國政界要人傳略大全》，頁840–841。

31　廖沫沙 (1907–1990)，湖南長沙人。1930年加入中國共產黨，抗戰期間在湖南《抗戰日報》、桂林《救亡日報》、香港《華商報》、重慶《新華日報》擔任編輯主任。中華人民共和國成立後，歷任中共北京市委宣傳部部長、

中共北京市委教育工作部長、北京市委統戰部部長等職。代表作有《鹿馬傳》、《分陰集》、《廖沫沙文集》等。見吳倫霓霞、余炎光編著：《中國名人在香港：30、40年代在港活動紀實》（香港：香港教育圖書公司，1997），頁177–180。

32　吳晗（1909–1969），出生於浙江義烏，畢業於清華大學歷史系。1930年代後期，先後任教於雲南大學、西南聯合大學。1940年代加入中國民主政團同盟，參與領導學生民主愛國運動。1949年後，以軍管會副代表的身份參與接管清華大學，被任命為清華大學歷史系主任、文學院院長等，亦當選為北京市副市長，分管文教工作。1957年，加入中國共產黨。先後擔任北京市第一至四屆政協委員、常務委員、副主席、第一至三全國人大代表、北京市第一至四屆人大代表、中國民主同盟中央副主席等。見《現代中國政界要人傳略大全》，頁377–378。

33　劉少奇（1898–1969），湖南寧鄉人。1920年加入中國社會主義青年團，翌年加入中國共產黨。1920年代曾在中國勞動組合書記部工作，後來在上海、廣州、武漢等地參與領導五卅運動、省港大罷工、武漢工人群眾收回漢口英租界的鬥爭。抗日戰爭期間，倡議開展游擊戰的方針，領導開創華北敵後抗日根據地的工作。1950年代，先後當選為全國人民代表大會常務委員會委員長、中共中央副主席、中華人民共和國主席、國防委員會主席。1966年文化大革命開始，他受到批判、政治陷害和人身摧殘。在1969年4月召開的中國共產黨第九次全國代表大會上，劉少奇被稱為「叛徒、內奸、工賊」，同年11月12日在河南病逝。見《現代中國政界要人傳略大全》，頁198–199；藍常周、譚克繩主編：《中國革命根據地大辭典》（南寧：廣西人民出版社，2002），頁682–683。

34　彭德懷（1898–1974），湖南湘潭人。1928年加入中國共產黨，曾率部建立革命根據地，屢立戰功，並參與長征。抗日期間，率部參與「百團大戰」，統一領導華北敵後黨、政、軍、民工作。後來當選為中共第七屆中央委員和中央政治局委員，後任中共中央軍委副主席，兼總參謀長。1950年代赴朝鮮指揮抗美援朝的戰役，回國後參與領導軍隊的建設，亦任國務院副總理兼國防部部長、國防委員會副主席。見《現代中國政界要人傳略大全》，頁846–848。

35　賀龍（1896–1969），湖南桑植人。曾參與領導湘西暴動、北伐戰爭、南昌起義，後來加入中國共產黨。中華人民共和國成立後，歷任西南軍區司令員、西南軍政委員會副主席等。1950年代，歷任國防委員會副主席、

中共中央軍委副主席、國務院副總理、中共中央政治局委員等職。見《新中國名人錄》，頁111–112。

36　劉伯承 (1892–1986)，四川開縣人。1926年加入中國共產黨，先後任中共重慶地方委員會軍事委員會委員、國民革命軍川軍各路總指揮、中共前敵委員會參謀團參謀長。曾參與領導瀘順起義、南昌起義、「圍剿」作戰、長征等。抗日戰爭期間，除開展游擊戰爭，曾參與百團大戰。解放戰爭時期，歷任晉冀豫軍區、中原軍區、第二野戰軍司令員，解放浙西、閩北、雲南、貴州等地區。見《現代中國政界要人傳略大全》，頁208–209。

37　港英政府以遞解出境的方式，將不喜歡的人士送返大陸或臺灣。

38　林彪 (1907–1972)，十多歲加入中國共產黨，20歲不到便成為黃埔軍校第四期學生。在長征及內戰時期，戰績彪炳。1954年被任命為副總理，一年後獲授中國人民解放軍元帥軍銜，並當選為政治局委員。1959年接替彭德懷擔任國防部長，同時也成為中央軍委的實際負責人，主管所有的武裝部隊。1962年對印度的自衛反擊戰的勝利，進一步提高了他與解放軍的地位。林彪每取得一點成就，就起勁地歌頌毛澤東。林彪普遍地被稱為毛澤東的「最忠實的支持者」和「最好的接班人」，在1969年4月，林彪被指定為中共中央副主席和毛澤東的接班人。但後來毛澤東對林彪愈來愈不信任，林彪眼看失勢，於1972年發動政變但事敗，坐飛機逃走時墜機死亡。見《中國近代史》，頁723–734。

39　羅孚原名羅承勳 (1921–2014)，1921年生於桂林。抗戰時擔任桂林《大公報》編輯，後轉至重慶《大公報》工作；1947年被調派香港《大公報》。1948年加入中共，任《大公報》副總編。1948年創辦《新晚報》並任總編輯，其間催生梁羽生、金庸為代表的新武俠文學。1982年5月突被召回北京扣查，一年之後以「美國間諜」罪名被判處十年徒刑，1993年初才得以返港。〈香港傳奇報人文化人羅孚逝世〉，《亞洲週刊》，2014年5月18日；羅海雷著：《我的父親羅孚：一個報人、「間諜」和作家的故事》(香港：天地圖書有限公司，2011)，頁203–224。

40　許家屯 (1916–2016)，江蘇如皋人。1938年加入中國共產黨，曾任泰興縣委書記、泰興泰州如皋邊區工委書記、如西縣委書記、蘇中三分區政治部主任兼地委副書記等職。中華人民共和國成立後，先後任福建省福州市委副書記、市委書記、福建委工業部副部長、江蘇省南京市委書記等。文化大革命期間，下放五七幹校勞動。1980年代，曾任新華社香港

分社社長、中共中央顧問委員會委員，兼任香港特別行政區基本法起草委員會副主任委員。1989年「六四事件」後，於1990年離休並出走美國，2016年在美國加州病逝。見《現代中國政界要人傳略大全》，頁243–244；許家屯著：《許家屯香港回憶錄》（香港：香港聯合報有限公司，1993）；〈百歲許家屯病逝　生前歎有國歸不得〉，《星島日報》，2016年6月30日，第A06版。

第六章

1　「粉碎四人幫」是指中共中央政治局的華國鋒、葉劍英、汪東興、李先念等領導核心，於1976年10月6日逮捕了時任中共中央政治局委員的江青、張春橋、姚文元、王洪文的事件，這事件標誌着「文化大革命」的結束。陳東林：〈細說粉碎「四人幫」〉（上、下篇），《黨史博覽》，第1期（2010），頁29–38。

2　華國鋒（1921–2008），山西交城人。1940年加入中國共產黨，曾參與太原、晉中等戰役。文化大革命期間，任中共中央委員、中共湖南新省委第一書記，兼湖南省第一書記。1970年代先後擔任國務院總理、中共中央第一副主席，主持中央政治局工作。毛澤東指定其為自己的接班人，毛澤東死後，華國鋒與汪東興、葉劍英聯手逮捕四人幫，結束文化大革命，他也成為黨政軍最高領導人。見《現代中國政界要人傳略大全》，頁182。

3　汪東興（1916–2015），江西弋陽人。1932年加入中國共產黨，曾參與「反圍剿」作戰與長征。中華人民共和國成立後，曾任公安部副部長、江西省副省長、中共中央辦公廳主任兼中央警衛局局長。他長期負責毛澤東警衛工作，得毛澤東信任，在逮捕「四人幫」的過程中起關鍵作用。見《現代中國政界要人傳略大全》，頁422–423。

4　1975至1980年間，趙紫陽擔任四川省委書記。見趙蔚著：《趙紫陽傳》（香港：文化教育出版社，1988），頁187–208。

5　王寬誠（1907–1986），浙江寧波人。早年在寧波經營國內口岸貿易，1930年代在上海開展業務。抗戰勝利後移居香港，經營金融財務、地產建築、船務、國內外貿易、木材加工等業務；曾支持供應抗美援朝所需物資，亦關心內地及香港的教育及社會福利事業。中華人民共和國成立

後，歷任中國人民政治協商會議第二至四屆全國委員會委員、第四、五屆全國人民代表大會代表。1958年開始，歷任香港中華總商會會長及副會長，1985年任當然永遠榮譽會長。見林耀琛編審：《香港寧波精英成功之道》（香港：香港文匯出版社，2010），頁1–9。

6　伍淑清（1948–），廣東台山人。於美國加州Armstrong學院畢業，之後返港經商；相繼建立不同的合資企業，並成立全中國首家中外合資企業。曾任香港基本法諮詢委員會委員、國務院港澳辦與新華社香港分社的香港事務顧問、香港臨時市政局議員及全國政協委員會常務委員等職。盧子健、何安達編：《香港人名錄》（香港：天地圖書有限公司，1994），頁50–51。

7　黃宜弘（1938–），福建泉州人。曾為香港立法局及立法會議員、港區全國人大代表。吳祥珉著：《香港籌委人物》（第一冊）（香港：香港商報，1996），頁7。

8　鄭正訓（1936–），福建廈門人。曾任香港基本法起草委員會委員，香港生產力促進局主席、香港出口信用保險局主席、香港中華廠商聯合會會董及常務董事。見Kevin Sinclair, *Who's Who in Hong Kong* (4th ed.) (Hong Kong: Who's Who in Hong Kong Ltd. and Asianet Information Services Ltd., 1988), p. 62。

9　朱成源等著，莫倩馨翻譯：《阿壩風光》（香港：廣角鏡出版社，1985）。何銘思為責任編輯之一。

10　1978年12月18日至22日，「中國共產黨第十一屆中央委員會第三次全體會議」（簡稱「三中全會」）在北京舉行，中心議題是討論中國社會主義現代化建設；被認為是中國共產黨歷史上和中華人民共和國建國以來具有深遠意義的會議，並開始形成了以鄧小平為核心的第二代中央領導集體。〈中國共產黨第十一屆中央委員會〉，網頁：https://zh.wikipedia.org/wiki/中國共產黨第十一屆中央委員會，擷取日期：2016年5月3日。

11　連貫（1906–1991），廣東大埔人。1925年加入中國共產黨，抗戰期間任八路軍駐香港辦事處黨支部書記兼華僑工作委員，其後歷任中共廣東區黨委常委、中共香港分局委員、中共中央華南分局委員、香港工委副書記。中華人民共和國成立後，任中共中央統戰部秘書長、中共中央對外聯絡部副部長。見《連貫同志紀念文集》編寫組著：《賢者不朽：連貫同志紀念文集》（北京：中國華僑出版社，1995）。

12　金庸（1924–），浙江海寧人。本名查良鏞，畢業於重慶中央政治大學外

交系。在上海《大公報》任國際電訊翻譯編輯記者，後被調任香港《大公報》，曾為《大公報》副刊撰稿，1950年代初轉往《新晚報》任副刊編輯。1950年代後期在香港創辦《明報》，亦撰寫影評、電影劇本，並長期在香港報刊上撰寫連載武俠小說，共寫了15部長、中、短篇的武俠小說。曾任香港基本法起草委員會委員、全國人大常委香港籌委會委員、中國作協第七屆全國委員會名譽副主席。見方漢奇等主編：《大公報百年史》（北京：中國人民大學出版社，2004），頁10、399；費勇著：《金庸全傳》（北京：華夏出版社，2008）。

13　梁羽生（1924–2009），廣東蒙山人，本名陳文統，畢業於嶺南大學經濟系。曾在香港《新晚報》擔任副刊編輯，亦曾在《大公報》工作。1949年定居香港，其後為《大公報》副刊撰稿。發表過散文、文藝評論和文史隨筆，並創作超過30部武俠小說。見《大公報百年史》，頁399；李斌著：《琴劍書生：梁羽生傳》（南京：江蘇文藝出版社，2001）。

14　李俠文（1914–2010），廣東中山人。畢業於清華大學政治學系，1938年進香港《大公報》任外電翻譯、要聞編輯。先後在香港、桂林、重慶、上海等館工作，亦曾主編《大公晚報》。1948年赴港參與《大公報》香港版復刊工作，歷任編輯部主任、副社長、總輯編，曾任香港《大公報》董事長、中國新聞社理事會理事。見《大公報百年史》，頁403；〈大公報前總編輯李俠文病逝〉，網頁：http://paper.wenweipo.com/2010/01/14/HK1001140032.htm，擷取日期：2016年5月3日。

15　馬廷棟（1914–2003），畢業於燕京大學。長期在《大公報》工作，任英文翻譯，曾駐英國。1948年赴港，參與《大公報》香港版復刊工作，曾任副社長。見《大公報百年史》，頁381；中國近代口述史學會編輯委員會編：《唐德剛與口述歷史：唐德剛教授逝世周年紀念文集》（臺灣：遠流出版，2010），頁180；〈香港《大公報》發表紀念創刊百年文章〉，網頁：http://www.people.com.cn/BIG5/shizheng/252/8397/8398/20020607/747172.html，擷取日期：2016年5月3日。

16　參看華爾德（Andrew G. Walder）著，龔小夏譯：《共產黨社會的新傳統主義：中國工業中的工作環境和權力結構》（香港：牛津大學出版社，1996）；Jean C. Oi, *State and Peasant in Contemporary China: The Political Economy of Village Government* (Berkeley: University of California Press, 1989).

17　「中共中央黨校」，簡稱「中央黨校」，位於北京，是中國共產黨中央委員會主辦的培養黨務幹部的最高學府。〈中共中央黨校概況〉，網頁：http://

www.ccps.gov.cn/ccps_overview/201207/t20120720_18914.html，擷取日期：
2016年5月3日。

18　杜林 (Eugen Karl Dühring, 1833–1912) 是德國柏林大學講師，他的文章批
評馬克思的著作，恩格斯也寫了一系列批判杜林的文章，並於1878年集
結文章出版單行本《反杜林論》。中國學者認為《反杜林論》是一部馬克思
主義的百科全書，總結馬克思主義誕生後無產階級的革命經驗，闡述馬
克思主義的哲學、政治經濟學與社會主義的三個主要部分。見中央黨校
編寫小組著：〈《反杜林論》提要和注釋〉(北京：人民出版社，1974)；
恩格斯著，中共中央馬克思恩格斯列寧史達林著作編譯局譯：《反杜林
論：歐根‧杜林先生在科學中實行的變革》(北京：人民出版社，1970)；
〈反杜林論〉，《中文百科在線》，網頁：http://www.zwbk.org/zh-tw/Lemma_
Show/289.aspx，擷取日期：2016年5月3日。

19　香港中華總商會於1900年成立，為香港歷史最長及最具規模的商會之
一。會員經營業務包括製造業、進出口貿易、銀行、保險、房地產、建
築、資訊科技、專業服務、交通運輸、食品、百貨批發零售、飲食服務
及旅遊業等。〈香港中華總商會〉，網頁：http://www.cgcc.org.hk/，擷取日
期：2016年5月3日；香港中華總商會著：《與祖國一起成長：慶祝中華
人民共和國成立60周年特刊》(香港：香港中華總商會，2009)；香港中華
總商會著：《香港中華總商會100周年會慶盛典專刊》(香港：香港中華總
商會，2001)。

20　香港中華出入口商會於1954年成立，現有會員近4,000人，致力協助會員在
中港兩地的經貿往來，亦作為讓會員表達意見與交流的平台，也是會員回
饋社會與聯誼的地方。〈香港中華出入口總商會〉，網頁：http://www.hkciea.
org.hk/，擷取日期：2016年5月3日；香港中華出入口商會編：《香港中華
出入口商會1956元旦特刊》(香港：香港中華出入口商會，1956)。

21　全名香港華人文員協會，1948年復會。見《星島日報》，1948年12月5
日。1940年，黃作梅獲選為香港華人文員協會主席，見傅頤著：〈黃作梅
在香港〉，載《香港抗戰：東江縱隊港九獨立大隊論文集》，頁330。

22　1930年代，入口中國的香港工業製品與外國貨品須繳納關稅，香港工業
界需要一個共同的組織與中國當局溝通。1933年9月南洋兄弟煙草有限
公司、廣萬隆爆竹廠，以及鹹魚行聯益社發起籌組「僑港國貨廠商聯合
會」，促進香港工業發展。1934年3月，籌委會召開會員大會通過會章，
並正名為「香港中華廠商聯合會」。1938年2月與香港基督教女青年會假

中環聖保羅書院合辦為期四日之國貨展覽會，成為香港工展會之始。〈香港中華廠商聯合會〉，網頁：http://www.cma.org.hk/milestones，擷取日期：2016年5月3日。

23　黃篤修 (1913–1978)，福建思明人。曾於廈門大學、燕京大學及菲律賓大學就學，1935年於嶺南大學農科畢業。為香港、星加坡、馬來西亞淘化大同有限公司之董事長，亦曾擔任香港中華廠商聯合會會長、東華三院總理及九龍樂善堂總理等職。見吳灞陵編：《香港年鑑 1976》(香港：華僑日報)，第十篇，頁77–78。

24　高卓雄 (1902–1987)，廣東南海人。1930年代初加入中華商總會，1940年代末當選為理事長，1950年代任會長，並將其改名為中華總商會。見 Chi Ching Tang, *Prominent Persons of Hong Kong & Macao* (Hong Kong: Hong Kong Associated Press, 1955), p. 9；〈1956年，毛澤東和香港中華總商會副會長高卓雄親切交談〉，網頁：http://cpc.people.com.cn/BIG5/69112/70190/70205/70214/4768097.html，擷取日期：2016年5月3日。

25　陳日新 (1919–2007)，廣東寶安人。曾任全國政協委員及港事顧問、《香港基本法》諮詢委員會委員、新界鄉議局前主席、屯門鄉事委員會主席。見《沉痛悼念陳日新 MBE 太平紳士 1919–2007》(香港：陳日新 MBE 太平紳士治喪委員會，2007)；盧子健、何安達編：《香港人名錄》(香港：天地圖書有限公司，1994)，頁370–371。

26　李兆基 (1928–)，廣東順德人。為香港地產發展商，恒基兆業、中華煤氣董事局主席暨新鴻基地產董事局副主席。曾任港事顧問、香港特別行政區籌委會委員及推選委員會委員。見梁鳳儀著：《李兆基博士傳記》(香港：勤＋緣出版社，2011)。

27　鄭裕彤 (1925–2016)，廣東順德人。為新世界發展有限公司創辦人，曾任香港事務顧問、全國人民代表大會香港特別行政區籌備委員會委員、香港特別行政區第一屆政府推選委員會委員。見藍潮著：《鄭裕彤傳》(香港：名流出版社，1997)。

28　郭得勝 (1911–1990)，廣東中山人。1950年代創辦鴻昌進出口公司經營洋貨批發，後來與李兆基、馮景禧合夥創辦永業企業公司發展地產業，三人於1963年創辦新鴻基公司。見亞洲電視編著：《香港百人：一百個觸動人心的香港故事》下冊 (香港：中華書局，2012)，頁326–329。May Holdsworth and Christopher Munn, *Dictionary of Hong Kong Biography* (Hong Kong: Hong Kong University Press, 2012), pp. 235–236.

29　何善衡（1900–1997），廣東番禺人。為恒生銀行創辦人之一，成立何善衡慈善基金會，捐款予多所教育機構。1980年代初何善衡以「何氏教育基金」名義，捐助中山大學籌辦之管理學院。同一時間，他透過新華社在國內尋找他的舊夥計陳震夏，要將陳給他保管的錢歸還。何善衡聯絡上陳震夏後，將一億多元款項交給他，二人商議將三分二之款項作為慈善用途，成立「華夏基金」，支持香港及內地之醫療、教育及衛生工作。見〈何善衡〉，網頁：http://baike.baidu.com/view/976601.htm，擷取日期：2016年5月3日；何銘思：〈回憶何善衡先生的高風亮節〉，《信報》，1997年12月11日，第24版。

30　中山溫泉度假區位於中山市三鄉鎮羅三妹山南麓，佔地2.2平方公里，包括羅三妹山、天然溫泉、中山溫泉賓館及高爾夫球場。中山溫泉賓館是由霍英東、何鴻燊等人投資興建，嶺南派建築大師莫伯治設計，於1980年12月28日正式開業。見廣州市設計院著：〈廣東中山溫泉賓館〉，《建築學報》，第5期（1982），頁61–67；李敏生、張冠生編：《不走回頭路：從中山溫泉賓館到廣州南沙海濱新城1980.12.28–2000.12.28》（香港：中華兒女出版社，2000），頁8–43。

31　白天鵝賓館位於廣州沙面白鵝潭，1983年開業，是中國第一家中外合作的五星級賓館，被譽為印證改革開放成功的典範。見楊小鵬、王建坤、沈沂著：〈開放先鋒「白天鵝」〉，《21世紀商業評論》，第1期（2007），頁146–150；《不走回頭路：從中山溫泉賓館到廣州南沙海濱新城1980.12.28–2000.12.28》，頁44–75。

32　參看霍英東演詞：〈從白天鵝賓館看國家的改革、開放、搞活政策〉，載莊昭、王偉軒、袁廣達主編：《愛國愛鄉的霍英東》（廣州：中山大學出版社，1991），頁107–115；陳雷剛著：〈港澳巨賈與改革開放之初的廣東「洋酒店」〉，《文史天地》，第3期（2015），頁4–9。

33　中國大酒店位於中國廣州市越秀區流花路，是一家五星級酒店。1984年落成開業，發展商是香港新世界發展、長江實業、恒基兆業、新鴻基地產、合和實業及新鴻基證券公司。王志綱、王傳真著：〈中國大酒店風采錄〉，《瞭望周刊》，第24期（1989），頁26–27。

34　廣州花園酒店位於廣州市環市東路，1982年由廖承志、利銘澤倡議興建，廣州嶺南置業公司與香港花園酒店有限公司合作經營，1985年8月開業。見陳熙炎編：《成功與管理：花園酒店十年歷程》（廣州：廣東旅遊出版社，1997）。

35　兆龍飯店坐落北京東三環長虹橋畔，由香港包玉剛投資建成，1985年開業，是1980年代中國改革開放的標誌產物。1981年包玉剛捐款興建旅遊酒店，並希望以他父親「包兆龍」的名字作為酒店的名稱。見鍾兆雲、易向農著：〈鄧小平親自接受「燙手支票」〉，《今日名流》，第9期（2010），頁21–24；穀慧敏著：《家園之路：兆龍飯店發展歷程》（北京：中國旅遊出版社，2002）。

36　包玉剛（1918–1991），浙江寧波人。1930年代跟隨其父做生意，後來在上海加入中央信託局，並在上海市銀行營業部當經理。1948年移居香港後，開始進行與內地的進出口貿易。1950年代創立環球航運集團，其後開拓石油運輸市場；1970年代成為「世界船王」。曾為香港特別行政區基本法起草委員會副主任。冷夏著：《包玉剛傳》（香港：天地圖書有限公司，1995）。

37　楊小鵬編：《白天鵝賓館紀念畫冊》（廣州：白天鵝賓館、天藝廣告有限公司，2003）。

38　1984年1月24日至2月10日，鄧小平視察深圳、珠海、廈門三個經濟特區。〈鄧小平南巡30周年〉，《文匯報》，2014年1月24日，第A11版。

39　何銘思說這段話時，以李嵐清書本的內容為佐證。見李嵐清著：《突圍：國門初開的歲月》（北京：中央文獻出版社，2008），頁147–157。

40　〈25字題詞催生改革開放春天〉，《深圳特區報》，2014年1月26日，第A02版。

41　計劃經濟體制的其中一個主要特徵：「計劃是配置資源的基本方式。社會資源（包括人、財、物）的配置，主要是按照行政部門、行政地區等行政層次來進行，依靠計劃指標、行政分配和行政協調來實現，總體上排斥資源配置的市場方式和經濟槓桿的調節作用。」見曾培炎主編：《新中國經濟50年》（北京：中國計劃出版社，1999），頁58。

42　李嵐清著：《突圍：國門初開的歲月》。

43　霍英東著：〈憶鄧公〉，載中共中央文獻研究室編：《回憶鄧小平》（北京：中央文獻出版社，1998），頁97。

44　見政協全國委員會辦公廳編：《霍英東風範長存》（北京：中國文史出版社，2007），頁201–206；有關他在韓戰時進行的走私活動，參看李敏生著：《患難之交：抗美援朝霍英東歷史解密》（北京：中國社會科學出版社，2003）。

45　見《霍英東風範長存》，頁207–217；〈市民捐贈300份成歷史見證　30年樓書由平實到浮誇〉，《蘋果日報》，2010年6月17日，A12版。

46　見冷夏著：《霍英東傳》，頁295–306。

47　同上，頁273–278。

48　1961年6月14至16日，廖創興銀行受到不利傳聞和謠言困擾，出現擠提。見馮邦彥著：《香港金融業百年》(香港：三聯書店〔香港〕有限公司，2002)，頁84–85。

49　1961年1月23日，明德銀號發出總值700萬港元的美元支票遭到拒付，1月26日一些大客戶不能在明德銀號中區總行兌現支票，翌日銀號門前擠滿提款的人群，中午時香港政府宣佈接管明德銀號。見《香港金融業百年》，頁85。

50　明德銀號停業後，危機繼續擴大，廣東信託商業銀行成為擠提的下一個目標，香港政府亦於2月8日上午接管廣東信託商業銀行。惟當天下午擠提風潮蔓延至恒生、廣安、道亨、永隆等銀行。香港政府提出不同措施後，2月10日擠提風潮暫告平息。但恒生銀行仍受謠言困擾，4月初再現擠提，至4月上旬失去二億元存款，佔該行存款總額四成。4月8日，恒生銀行董事局決定將51%股權售予滙豐銀行，消息傳開後才平息擠提潮。見《香港金融業百年》，頁86–98。

51　廣東人稱「鱧魚」為「生魚」，但傳說「化骨龍」的外形與生魚一樣，但有四隻腳，不可食用。因此坊間宰殺活的生魚時，要猛力將魚摔在地上，直到生魚昏迷，若該魚是化骨龍的話，便會露出原形，伸出四腳。

52　香港地產建設商會於1965年成立，是代表香港地產發展商的組織。〈香港地產建設商會〉，網頁：http://reda.hk/hk/，擷取日期：2016年5月3日；香港地產建設商會著：《香港地產建設商會：成立暨第一屆職員就職典禮》(香港：香港地產建設商會，1965)。

53　郭伯偉 (John James Cowperthwaite, 1915–2006) 於1961至1971年間，出任香港政府財政司。〈行政長官聲明〉，《新聞公報》，2006年1月25日，網頁：http://www.info.gov.hk/gia/general/200601/25/P200601250159.htm，擷取日期：2016年5月3日。

54　利國偉 (1918–2013) 於1979至1994年間，擔任恒生商學書院的校監。〈恒生商學書院〉，網頁：https://zh.wikipedia.org/wiki/恒生商學書院，擷取日期：2016年5月3日。

55　陳方正 (1939–)，廣西岑溪人。1966年於香港中文大學物理學系任教，1980年出任大學秘書長，1986年出任大學中國文化研究所所長。1990年創辦學術刊物《二十一世紀》。見〈榮譽院士陳方正博士讚辭〉，網頁：

https://www.cpr.cuhk.edu.hk/honfellow/Citation/chi/5_chenfongching.pdf，擷取日期：2016年5月3日；《香港人名錄》，頁370。

56 方潤華（1924–），廣東東莞人。自1960年代起活躍於香港地產界，創辦地產商號「協成行」，現任香港協成行集團主席。曾歷任香港地產建設商會副會長、東華三院首總理、保良局主席等。見《香港人名錄》，頁18。

57 王敏剛（1949–），廣東東莞人。主要職務包括剛毅集團主席、文化產業開發有限公司董事長、絲路酒店董事長、絲路旅遊管理董事長及西北拓展董事長。曾為第八至十二屆全國人民代表大會代表。見《香港籌委人物》（第一冊），頁108。

58 鄭家純（1946–），廣東順德人，為鄭裕彤長子。先後任新世界發展董事會董事、執行董事、董事總經理、主席，亦為全國政協常務委員。見《香港人名錄》，頁587。

59 何莫靜衡，香港各界婦女聯合協進會名譽會長、香港中國婦女會名譽副會長。

60 馮若婷（1946–），1967至1969年間為《南華早報》記者，1969至1985年出任香港總商會助理執行董事，之後出任中國圖書拓展有限公司總經理。陳毓祥、梁家永著：《脈搏人物續篇：專訪43位香港知名人士》（香港：博益出版集團有限公司，1986），頁191–196。

61 霍震寰（1949–），廣東番禺人。霍英東次子，現任中國民間商會副會長、香港霍英東集團行政總裁。曾擔任第十一屆全國人大代表、第十屆全國工商聯副主席、中華海外聯誼會副會長、香港中華總商會永遠榮譽會長、香港培華教育基金會主席。李國強編：《香港與共和國同行：傑出港人，功在家國》（香港：香港各界文化促進會，2009），頁138–143。

62 潘朝彥曾為《華僑日報》總編輯。

63 阮北耀（1935–）為律師，亦為基本法諮詢委員會委員兼全國港區政協委員；見《香港人名錄》，頁158。

64 劉靖之（1935–）曾任英國廣播公司高級翻譯、香港嶺南大學翻譯系教授、國立臺北師範大學翻譯研究所客座教授、北京中國藝術研究院音樂研究所特約研究員、香港大學亞洲研究中心名譽教授。現為香港大學香港人文社會科學研究所亞洲研究中心名譽研究員。見〈劉靖之教授〉，網頁：http://www.hkphil.org/tch/aboutus/board_and_management/bm0012.jsp，擷取日期：2016年5月3日；《香港人名錄》，頁559–560。

65 陸恭正（1949–），為英國土木工程師學會會員、香港工程師學會會員及

香港營造師學會資深會員。2002年獲委任為九龍建業董事，現為香港大新有限公司之董事總經理。見〈陸恭正〉，網頁：http://www.quamnet.com/peopleSearchDetail.action?ppId=416，擷取日期：2016年5月3日。

66　香港培華教育基金會編：《香港培華教育基金25周年紀念特刊》（香港：香港培華教育基金有限公司，2007），頁78。

67　中山大學管理學院 (Sun Yat-sen Business School) 於1985年成立，獲香港何氏教育基金會、霍英東基金會及培華教育基金會的支持，是國內最早成立的專門從事工商管理教育和研究的學院之一，現為中國培養職業經理人和企業家的重要基地。〈學院歷史與簡介〉，網頁：http://bus.sysu.edu.cn/Info.aspx?typeid=981ad7b5-25e3-4771-b9bf-fe7b0f30fb67，擷取日期：2016年5月3日。

68　何梁何利基金是由何善衡、梁銶琚、何添及利國偉各捐一億港元，於1994年在香港註冊成立，也是目前國內規模最大的民間科技獎勵基金，基金通過獎勵取得傑出成就的中國科技工作者，促進中國的科學與技術發展。〈何梁何利基金簡介〉，網頁：http://www.hlhl.org.cn/Introduction.aspx，擷取日期：2016年5月3日。

69　參看羅海雷著：《我的父親羅孚：一個報人、「間諜」和作家的故事》。

70　1993年6月28日至7月7日何銘思於《信報》以〈一個退黨黨員的心跡〉為題連載了九篇文章：(1)〈我應該有申辯的權利〉，6月28日，第7版；(2)〈許家屯挫傷了香港的「土共」班子〉，6月29日，第28版；(3)〈許家屯處處針對「廣東幫」〉，6月30日，第26版；(4)〈錯誤政策令香港左派孤立無援〉，7月1日，第33版；(5)〈愛國商人在文革期間步步為營〉，7月2日，第30版；(6)〈新形勢下老朋友的憧憬與失望〉，7月3日，第34版；(7)〈許家屯把老朋友當作敵人〉，7月5日，第18版；(8)〈被批為「一左二窄」悍將的因由〉，7月6日，第22版；(9)〈香港的統戰工作早已開展〉，7月7日，第23版。

71　「六四事件」翌日，何銘思以「前新華社香港分社副秘書長」之名義，在香港報章刊登啟事，退出中國共產黨。

72　2005年，何銘思有感而發，將他的部分文章整理，編著《家國情懷》一書。何銘思著：《家國情懷》。

73　參看王賡武著，姚楠編譯：《南海貿易與南洋華人》（香港：中華書局香港分局，1988）。

74　參看 Iris Chang, *The Chinese in America: A Narrative History* (New York: Viking, 2003), pp. 53–64.

75　黃花崗起義，亦稱「廣州三．二九起義」，1911年由黃興率領部隊發動，為中國同盟會在廣州發動的一場起義。章開沅編：《辛亥革命辭典》（武漢：武漢出版社，1991），頁362–363；鄒魯著：《廣州三月二十九革命史》（上海：民智書局，1926）。

76　章開沅編：《辛亥革命辭典》，頁363–364。

77　傅作義（1895–1974），山西榮河人。曾參與辛亥革命、北伐戰役。抗日期間先後任第二戰區北路前敵總司令兼第三十五軍軍長、第七集團軍總司令。中華人民共和國成立後，任中國人民政治協商會議全國委員會委員、中央人民政府委員、人民革命軍事委員會委員、政務院財經委員會委員、水利部部長、水利電力部部長、國防委員會副主席等職。見《現代中國政界要人傳略大全》，頁877–878。

78　潘靜安（1916–2000），廣東番禺人，香港土生土長。1938年加入中國共產黨，曾於八路軍駐港辦事處工作，協助廖承志。香港淪陷期間，營救大批文化精英、民主人士離開香港，獲模範共產黨員稱號。1958年至1982年任中共中央調查部駐港負責人，為第五至八屆全國政協委員。見〈品味蘋果：中共前中央調查部駐港負責人潘靜安香港紀事〉，《蘋果日報》，2013年9月8日，網頁：http://hk.apple.nextmedia.com/news/art/20130908/18413466；許禮平著：《舊日風雲（二集）》，（香港：牛津大學出版社，2014），頁1–40。

79　見楊奇、余非改編：《香港淪陷大營救》（香港：三聯書店〔香港〕有限公司，2014）。

第七章

1　參看饒桂珠、陳思迪：〈訪問何銘思，解讀霍英東〉，《地平綫》，第116期（2007），頁4–13。

2　「銘源基金有限公司」於1997年成立，2010年解散。

3　「老少邊窮地區」是中國革命老根據地、少數民族地區、邊境和邊遠地區及貧困地區的統稱。革命老根據地，指第二次國內革命戰爭和抗日戰爭時期，曾經建立中國共產黨組織和革命武裝的地區。少數民族地區，指少數民族相對聚居的地區。邊境和邊遠地區，指有陸地邊境的內蒙古、遼寧、吉林、黑龍江、廣西、雲南、西藏、甘肅、新疆等九個邊疆省、自治區。貧困地區，指生活標準處於國家規定的貧困線以下的貧困戶相

對集中成片的地區。見中國社會科學院經濟研究所編：《現代經濟辭典》
（南京：鳳凰出版社，2005），頁637。

4　銘源基金駐韶關辦事處編：《世紀希望紅三角：霍英東基金會、銘源基金
　　會粵贛湘邊老區「文教扶貧」紀念畫冊》（韶關：銘源基金駐韶關辦事處，
　　2004）。

5　「可蘊基金有限公司」於2004年成立。

6　銘源基金駐韶關辦事處編：《何銘思與紅三角》（香港：香港銀河出版社，
　　2004）。

7　見雷煜植等編：《加拿大卡城中華文化中心十周年特刊》（卡加利：加拿大
　　卡城中華文化中心，2002）。

8　英文名稱為 "Dr. Fok Ying Tung International House, University of Calgary"。

9　「華人基督教榮基護老會，榮基護理中心」英文為 "Wing Kei Care Centre,
　　Chinese Christian Wing Kei Nursing Home Association"。

10　見李敏生、張冠生編：《不走回頭路：從中山溫泉賓館到廣州南沙海濱新
　　城 1980.12.28–2000.12.28》，頁76–141；霍英東基金有限公司著：《南沙：
　　珠江三角洲海濱新城》（香港：霍英東基金有限公司，1992）。

11　參看黃永豪著：《土地開發與地方社會：晚清珠江三角洲沙田研究》（香
　　港：文化創造出版社，2005）。

12　參看廖迪生著：〈珠江三角洲東涌地區「圍口」生活變遷〉，載何霖、廖迪
　　生編：《從滄海沙田到風情水鄉：珠江三角洲東涌社會生態變遷研究》（北
　　京：中國戲劇出版社，2013），頁1–17；James L. Watson, "Saltwater Margin:
　　A Common-Fields System in South China," *Past and Present*, no. 224 (2014), pp.
　　243–282.

13　在第一次鴉片戰爭之前，清政府在珠江虎門出海口兩岸建成大角、沙
　　角、威遠、鎮遠、靖遠、橫檔、永安、鞏固、大虎等炮台。炮台連同木
　　排鐵鏈、水底石堆、暗椿，在虎門水道構成了一個具有三重門戶的防禦
　　體系。但這個防禦體系在1841年的戰役中被英國軍隊摧毀。見郭華清、
　　朱西學：〈清代的虎門防禦體系與第一次鴉片戰爭〉，《廣州大學學報　社
　　會科學版》，第11卷，第12期（2012），頁76–83。

14　盧緒章（1911–1995），浙江鄞縣人。14歲起在上海源通輪船公司當練習
　　生，1937年加入中國共產黨。後創辦廣大華行，以此作為中共秘密工作
　　機構。廣大華行業務擴展，在重慶、貴陽、成都、昆明等地設立分行。
　　盧緒章於1948年到香港打理廣大華行，同年底北上大連解放區。新中國

成立後，歷任華東軍政委員會貿易部副部長、中國進出口公司經理、華僑旅行社社長、國家旅遊總局局長、國家進出口管理委員會、外貿部副部長等職。〈盧緒章〉，《寧波日報》，2011年6月30日，第A7版；李征著：《盧緒章傳》（北京：中國商務出版社，2004）；王元周著：《盧緒章與廣大華行：政治使命與企業經營1927–1950》（北京：中國對外經濟貿易，1999）。

15　香港尖沙嘴東部商業區，本來是火車站及鐵路線，在1970年開始發展，成為今天的一個商業區。

16　見林立芳、李傳忠編：《解讀紅三角：粵贛湘紅三角經濟圈的打造》（廣州：暨南大學出版社，2003）。

17　由霍英東親自指揮建造、世界上第一艘大型鋁合金四引擎高速噴射船，1996年10月16日於南沙新技船廠下水試航。新船被命名為「南沙38號」，由其時的候任香港特首董建華主持新船剪綵。見〈大海之子、情繫南沙〉，《中國水運報》，2006年11月15日，第8版。

18　國務院提出設立自由貿易試驗區的方案，規定政府職能轉變、金融制度、貿易服務、外商投資和稅收政策等多項改革措施。中國（上海）自由貿易試驗區於2013年9月29日成立。中國新聞社：〈上海自貿區今日掛牌、以開放促改革打造經濟升級版〉，2013年9月29日，網頁：http://www.chinanews.com.cn/cj/2013/09-29/5333903.shtml，擷取日期：2016年5月3日。為進一步深化上海自貿區改革開放方案，中央政治局於2015年3月24日審議通過廣東、天津、福建自貿區總體方案。廣東（包括南沙）主要以港澳為對象，建立粵港澳金融合作創新體制、粵港澳服務貿易自由化，以及通過制度創新推動粵港澳交易規則的對接。〈粵津閩自貿區去馬、港迎新機遇〉，《大公報》，2015年3月25日，第A02版。

19　何銘思撰寫的〈霍英東開發南沙〉系列長文，一連五天在《信報》連載：〈梁柏楠的南沙發跡和霍英東開發南沙的艱難〉，2004年8月16日，頁23；〈「夢裏不知身是客」：霍英東幾乎被人趕走〉，2004年8月17日，頁11；〈偏重說教，易出偽君子〉，2004年8月18日，頁13；〈黨政租金太高：唯有政改才有出路〉，2004年8月19日，頁12；〈祖國會富強：可能霍英東是對的〉，2004年8月20日，頁17。

20　另見本章註釋22。

21　何兆銘是何銘思的原名，見本書第一章。

22　何銘思著：〈給南沙海濱新城建設員工的信──回顧與希望〉，《南沙海濱

新城》，2007，1月號，頁1–3；另參看 *In the Matter of Fok Ying Tung Ming Yu an Development Company Limited and In the Matter of the Companies Ordinance, Cap. 622*, Miscellaneous Proceedings No 2397 of 2014 (HCMP 2397/2014) (Court of First Instance, 28 January 2016), at http://legalref.judiciary.gov.hk/lrs/common/search/search_result_detail_frame.jsp?DIS=102448&QS=%28FOK%7CYING%7CTUNG%7CMING%7CYUAN%7CDEVELOPMENT%7CCOMPANY%7CLIMITED%29&TP=JU。

23　霍顯強為霍家三房四子，為霍英東銘源發展有限公司和董事局主席。

24　2008至2010年間，何銘思與霍家成員展開一連串官司，2008年11月何銘思入稟高院控告霍英東銘源發展有限公司及霍顯強，要求法庭頒令當時剛舉行的霍英東銘源發展有限公司董事局會議無效，要求繼續保留原有的12名董事，包括香港科技大學前副校長林垂宙與伍秀珊。及後他再入稟高院控告霍文遜於2008年7月發出破壞他及其他董事聲譽的信件。2009年1月，何銘思再入稟高院控告霍英東三房「舅仔」林錫鎏於2008年7月至11月期間發出誹謗他的信件。見〈何銘思不滿家族公司踢走南沙開發功臣 霍英東心腹告霍家後人〉，《明報》，2008年11月20日，第A03版；〈何銘思再告霍老後人誹謗 被斥背棄霍英東 何：霍文遜顛倒是非〉，《明報》，2008年11月27日，第A04版；〈何銘思再控霍家後人誹謗〉，《明報》，2009年1月7日，第A10版；〈何銘思控霍文遜誹謗 雙方商討和解〉，《明報》，2009年8月25日，第A13版。

第八章

1　蘇軾《水調歌頭》：「明月幾時有？把酒問青天。不知天上宮闕，今夕是何年。我欲乘風歸去，又恐瓊樓玉宇，高處不勝寒。起舞弄清影，何似在人間。轉朱閣，低綺戶，照無眠。不應有恨，何事長向別時圓？人有悲歡離合，月有陰晴圓缺，此事古難全。但願人長久，千里共嬋娟。」

2　「呵呵雞」是客家人指那些站不穩的發瘟病雞，聳毛聳肩，發出呵呵氣鳴聲，只會吃不會啼，老百姓以「呵呵雞」稱呼貪腐的國民黨軍隊，說他們聽到日本人的一點風就會逃跑。見張黎明著：《記憶的刻度：東縱的抗戰歲月》，頁103。

參考書目

英文參考書目

Carroll, John M. *Edge of Empires: Chinese Elites and British Colonials in Hong Kong.* Cambridge, Mass.: Harvard University Press, 2005.

Catchpole, Brian. *The Korean War, 1950–53.* New York: Carroll & Graf Publisher, Inc., 2000.

Chan Lau Kit-Ching. *From Nothing to Nothing: The Chinese Communist Movement and Hong Kong, 1921–1936.* New York: St. Martin's Press, 1999.

Chang, Iris. *The Chinese in America: A Narrative History.* New York: Viking, 2003.

Eriksen, Thomas Hylland. *Ethnicity and Nationalism: Anthropological Perspectives.* London; Boulder, Colo.: Pluto Press, 1993.

Holdsworth, May and Christopher Munn. *Dictionary of Hong Kong Biography.* Hong Kong: Hong Kong University Press, 2012.

Jackson, Bruce. *Fieldwork.* Urbana: University of Illinois Press, 1987.

Jones, Catherine M. *Promoting Prosperity: The Hong Kong Way of Social Policy.* Hong Kong: Chinese University Press, 1990.

Keane, Webb. "Self-Interpretation, Agency, and the Objects of Anthropology: Reflections on a Genealogy." *Comparative Studies in Society and History*, Vol. 45, No. 2, (2003): 222–248.

Liu, Tik-sang. *Becoming Marginal: A Fluid Community and Shamanism in the Pearl River Delta of South China.* Ph.D. Dissertation, University of Pittsburgh, 1995.

Munn, Christopher. *Anglo-China: Chinese People and British Rule in Hong Kong, 1841–1880*. Richmond, Surrey: Curzon, 2001.

Oi, Jean C. *State and Peasant in Contemporary China: The Political Economy of Village Government*. Berkeley: University of California Press, 1989.

Rapport, Nigel and Overing, Joanna. *Social and Cultural Anthropology: The Key Concepts*. New York, NY: Routledge, 2000.

Ridgway, Matthew B. *The Korean War: How We Met the Challenge: How All-Out Asian War was Averted: Why Macarthur was Dismissed: Why Today's War Objectives must be Limited*. New York: Da Capo Press, 1967.

Ritchie, Donald A. *Doing Oral History*. New York: Twayne Publishers, 1995.（中譯本：《大家來做口述歷史》，譯者王芝芝。臺北：遠流出版，1997。）

Sinclair, Kevin. *Who's Who in Hong Kong* (4th ed.). Hong Kong: Published by Who's who in Hong Kong Ltd. and Asianet Information Services Ltd., 1988.

Siu, Helen F. *Agents and Victims in South China: Accomplices in Rural Revolution*. New Haven: Yale University Press, 1989.

Tang, Chi Ching. *Prominent Persons of Hong Kong & Macao*. Hong Kong: Hong Kong Associated Press, 1955.

Watson, James L. "Saltwater Margin: A Common-Fields System in South China," *Past and Present*, no. 224 (2014).

Watson, Rubie S. *Inequality among Brothers: Class and Kinship in South China*. Cambridge: Cambridge University Press, 1985.（中譯本：《兄弟並不平等：華南的階級和親族關係》，譯者時麗娜。上海：上海譯文出版社，2008。）

Welsh, Frank. *A Borrowed Place: The History of Hong Kong*. New York: Kodansha International, 1993.

Wu, Cheng'en, translated and edited by Anthony C. Yu. *The Journey to the West* (4 volumes). Chicago: The University of Chicago Press, 1977.

Yeo, Margaret. *St. Francis Xavier: Apostle of the East*. London: Sheed & Ward, 1932.

中文參考書目

丁波著：〈華南文工團簡史〉，載廣東省文化廳史志辦、華南文工團聯誼會合編：《廣東革命文藝史料：中共中央華南分局華南文工團專輯》。廣州：廣東省文化廳，2004。

于光遠著：〈「新民主主義社會論」的歷史命運〉，《二十一世紀評論》，第78期（2003），頁50–61。

工商日報編輯部編：《香港華資工廠調查錄》。中國：工商日報營業部，1934。

文生著：〈忠貞愛國鞠躬盡瘁：緬懷蟻美厚先生〉，《黨史縱橫》，第4期（1999），頁34–36。

中央黨校編寫小組著：《《反杜林論》提要和注釋》。北京：人民出版社，1974。

中共人名錄編修委員會編：《中共人名錄》。臺北：國立政治大學國際關係研究中心，1983。

中共東莞市委黨史研究室編：《東莞抗日實錄》。北京市：中共黨史出版社，2006。

中共海南省委黨史研究室編：《馮白駒將軍傳》。北京：中央黨史出版社，1998。

中共惠州市委黨史辦公室編：《粵贛湘邊縱隊史》。廣州：廣東人民出版社，1989。

中共廣東省委黨史研究委員會、中共廣東省委黨史資料徵集委員會編：《回憶饒彰風》。香港：三聯書店(香港)有限公司，1989。

中共廣東省委黨史研究室編：《長空英魂：紀念黃作梅烈士文集》。香港：香港榮譽出版有限公司，2002。

中共廣東省委黨史研究室編：《省港抗戰文化》。廣州：廣東人民出版社，1994。

中共廣東省委黨史研究室編：《香港與中國革命》。廣州：廣東人民出版社，1997。

中共黨史人物研究會編：《中共黨史人物傳》。西安：陝西人民出版社，1980。

中國民主同盟中央委員會編：《中國民主同盟發展簡史》。廣州：光明出版社，1952。

〈中國共產主義青年團簡介〉，《少先隊小幹部》，第5期(2002)。

中國社會科學院經濟研究所編：《現代經濟辭典》。南京：鳳凰出版社，2005。

中國近代口述史學會編輯委員會編：《唐德剛與口述歷史：唐德剛教授逝世周年紀念文集》。臺灣：遠流出版，2010。

《中國革命史》編寫組著：《中國革命史》。呼和浩特：內蒙古人民出版社，1987。

中國戲劇家協會廣東分會、廣東話劇研究會編：《廣東話劇運動史料集》(3冊)。廣州：廣東話劇研究會，1986。

中國藝術研究院話劇研究所編：《中國話劇藝術家傳》（第一輯）。北京：文化
　　藝術出版社，1984。

中國藝術研究院音樂研究所《中國音樂詞典》編輯部編：《中國音樂詞典》。北
　　京：人民音樂出版社，1984。

中華民國開國五十年文獻編委員會編：《革命源流與革命運動》（第九冊）。臺
　　北：中華民國開國五十年文獻編纂委員會，1963。

方漢奇等編：《大公報百年史》。北京：中國人民大學出版社，2004。

毛澤東著：《新民主主義論》。北京：人民出版社，1952。

王人美著：《我的成名與不幸：王人美回憶錄》。上海：上海文藝出版社，
　　1985。

王元周著：《盧緒章與廣大華行：政治使命與企業經營 1927–1950》。北京：中
　　國對外經濟貿易出版社，1999。

王志綱、王傳真著：〈中國大酒店風采錄〉，《瞭望周刊》，第 24 期（1989），頁
　　26–27。

王首道著：《王首道回憶錄》。北京：解放軍出版社，1988。

王俊彥著：《廖承志傳》。北京：人民出版社，2006。

王國炎、衛小周、李國振編：《馬克思主義哲學大辭典》。北京：中國廣播電
　　視出版社，1993。

王曼、楊永著：《鐵骨凌霜：尹林平傳》。廣州：花城出版社，1998。

王超著：〈文革時期的「忠字舞」〉，《文史精華》，2013 年，第 9 期，頁 71。

王賡武著，姚楠編譯：《南海貿易與南洋華人》。香港：中華書局香港分局，
　　1988。

王檜林主編：《中國抗日戰爭全書》。太原：山西人民出版社，1995。

田本相、石曼、張志強著：《抗戰戲劇》。開封：河南大學出版社，2005。

列寧著：〈馬克思主義與修正主義〉，載學習雜誌編輯部編輯：《社會主義教育
　　課程的閱讀文件彙編》（第一編），北京：人民出版社，1957。

朱成源等著，莫倩馨譯：《阿壩風光》。香港：廣角鏡出版社，1985。

朱紹武著：〈紀念抗美援朝，反對篡改歷史〉，載中華人民共和國國史學會
　　編：《抗美援朝：60 年後的回眸》。北京：當代中國出版社，2011。

朱匯森著：《中華民國史事紀要初稿》。臺北：國史館，1988。

朱曉明著：〈我軍歷史上的 22 個公安師鈎沉（下）〉，《黨史博采》，第 12 期
　　（2013），頁 51 –54、57。

江關生著：《中共在香港（上卷）（1921–1949）》。香港：天地圖書有限公司，2011。

江關生著：《中共在香港（下卷）（1949–2012）》。香港：天地圖書有限公司，
　　2012。

西柏坡紀念館編：《西柏坡：新中國從這裏走來》。北京：人民出版社，2005。

宋鳳英：〈華南分局重要領導人方方蒙冤始末〉，《黨史文苑》，第17期（2007），
　　頁13–17。

呂坪、俞仲達、夏耘、黃河、廖士專、曾建昭著：〈廣東青年工作歷史上的幾
　　個問題：黃煥秋同志訪談錄〉，《廣東黨史》，第3期（2002），頁4–19。

何香凝著：《回憶孫中山和廖仲愷》。北京：生活・讀書・新知三聯書店，1978。

何瑛主編：《東莞抗日模範壯丁隊》。廣州：廣州地區東江縱隊老戰士聯誼
　　會，2008。

何銘思著：〈給南沙海濱新城建設員工的信——回顧與希望〉，《南沙海濱新
　　城》，1月號（2007），頁1–3。

何銘思著：〈薪火相傳憶李門〉，載許俐麗、李小瑛編：《李門百年》。廣州：
　　廣東人民出版社，2014。

何銘思著：《我們這一輩》。出版人：符冰，2015。

何銘思著：《家國情懷》。香港：明報出版有限公司，2005。

何應欽著：《日軍侵華八年抗戰史》。臺北：黎明文化，1984。

希恩 C. 斯威曼（Sean C. Sweetman）主編；李大魁、金有豫、湯光等譯：《馬丁
　　代爾藥物大典》（*Martindale: The Complete Drug Reference*）。北京：化學工業
　　出版社，2009。

余汝信著：《香港，1967》。香港：天地圖書，2012。

余叔韶著，胡紫堂譯：《法訟趣聞：雪廠街九號的故事》。香港：香港大學出
　　版社，2002。

余叔韶著，胡紫棠譯：《與法有緣》。香港：香港大學出版社，1998。

余炎光著：〈「沙基慘案」始末〉，《歷史教學》，第2期（1958），頁21–23、25。

余偉雄著：《王寵惠與近代中國》。臺北：文史哲出版社，1987。

余敏玲著：〈蔣介石與聯俄政策之再思〉，《中央研究院近代史研究所集刊》，
　　第34期（2000），頁49–87。

冷夏著：《包玉剛傳》。香港：天地圖書有限公司，1995。

冷夏著：《霍英東傳》。廣州：廣東經濟出版社，1997。

吳炯堅、吳卓筠著：《粵劇大師馬師曾》。廣州：廣東人民出版社，2005。

吳倫霓霞、余炎光編著：《中國名人在香港：30・40年代在港活動紀實》。香
　　港：香港教育圖書公司，1997。

吳庭璋著：《粵劇大師薛覺先》。廣州：廣東人民出版社，2006。

吳祥珉著，張麗瑜、譚燕瑜編：《香港籌委人物》(第一冊)。香港：香港商報，1996。

吳楚帆著：《吳楚帆自傳》。臺北：龍文出版社，1994。

吳曉邦著：《我的舞蹈藝術生涯》。北京：中國戲劇出版社，1982。

吳灞陵編：《香港年鑑 1976》。香港：華僑日報，1976。

局外人著，蔡登山編：《戴笠與十三太保》。臺北：獨立作家，2013。

李少瑜等著：《中原突圍紀事》。北京，解放軍出版社，1992。

李以莊著：〈威震港九的劉黑仔——東江縱隊史跡採訪筆記〉，《明報月刊》，第51卷，第6期 (2016)，頁64–67。

《李先念傳》編寫組編：《李先念傳1909–1949》。北京：中央文獻出版社，1999。

《李先念傳》編寫組編：《李先念傳1949–1992》。北京：中央文獻出版社，2009。

李宗輝著：〈記澳門知名愛國人士馬萬祺〉，載王寅城等著：《港澳名人風采》。香港：勤＋緣出版社，1994。

李征著：《盧緒章傳》。北京：中國商務出版社，2004。

李門著：〈記香港中原劇藝社〉，載廣東話劇研究會《犁痕》編委會編：《犁痕：中原劇藝社的戰鬥歷程》。廣州：廣東話劇研究會，1993。

李炳南著：《政治協商會議與國共談判》。臺北：永業出版社，1993。

李昭著：《彩墨硝煙：李昭遺作選》。廣州：嶺南美術出版社，1997。

李國強編：《香港與共和國同行：傑出港人，功在家國》。香港：香港各界文化促進會，2009。

李敏生、張冠生編：《不走回頭路：從中山溫泉賓館到廣州南沙海濱新城1980.12.28–2000.12.28》。香港：中華兒女出版社，2000。

李敏生著：《患難之交：抗美援朝霍英東歷史解密》。北京：中國社會科學出版社，2003。

李嵐清著：《突圍：國門初開的歲月》。北京：中央文獻出版社，2008。

李斌著：《琴劍書生：梁羽生傳》。南京：江蘇文藝出版社，2001。

李湄著：《家國夢縈：母親廖夢醒和她的時代》。香港：香港中和出版有限公司，2015。

李雲漢著：《從容共到清黨》。臺北：中國學術著作獎助委員會，1966。

李傳璽著：〈「五一口號」的發布及其歷史意義〉，《廣東省社會主義學院學報》，第2期 (2008)，頁36–42。

李澤霖著：〈抗戰時期東莞財稅戰線的鬥爭〉，載中共東莞市委黨史研究室編：《東莞抗日實錄》，北京：中共黨史出版社，2006。

杜潤生編：《中國的土地改革》。北京：當代中國出版社，1996。

汪國禎著：《余伯泉將軍與其軍事思想》。臺北：中華戰略學會，2002。

汪精衛著：《汪精衛集‧第一卷》。上海：上海書店出版社，1918。

汪精衛著：《汪精衛集‧第二卷》。上海：上海書店出版社，1918。

汪精衛著：《汪精衛集‧第三卷》。上海：光明書局，1929。

汪精衛著：《汪精衛集‧第四卷》。上海：光明書局，1929。

《沙井鎮志》編纂委員會編：《沙井鎮志》。長春：吉林攝影出版社，2002。

蕭自力著：《陳濟棠》。廣州：廣東人民出版社，2002。

亞洲電視編著：《香港百人：一百個觸動人心的香港故事》（下冊）。香港：中華書局，2012。

京聲、溪泉編撰：《新中國名人錄》。南昌：江西人民出版社，1987。

周奕著：《香港左派鬥爭史》。香港：利文出版社，2002。

尚明軒著：《廖仲愷傳》。北京：北京出版社，1982。

岳清著：《烽火梨園：1938至1949年香港粵劇》。香港：一點文化有限公司，2005。

《東江縱隊史》編寫組著：《東江縱隊史稿》。廣州：廣東人民出版社，1983。

林立芳、李傳忠編：《解讀紅三角：粵贛湘紅三角經濟圈的打造》。廣州：暨南大學出版社，2003。

林明德著：《日本近代史》。臺北：三民書局，2004。

林洪、曾牧野、張難生、張磊著：〈遺澤永在、風範常存：紀念杜國庠同志誕辰一百周年〉，《廣東社會科學》，第1期（1989），頁3–8。

林耀琛編審：《香港寧波精英成功之道》。香港：香港文匯出版社，2010。

武克全編：《抗日戰爭大事典》。上海：學林出版社，2005。

金哲輯：〈「文革」紀事〉，《黨史文苑》，2003年，第4期，頁34–35。

金堯如著：《金堯如：香江五十年憶往》。香港：金堯如紀念基金，2005。

南方日報社、廣東《華商報》史學會著：《白首記者話華商：香港〈華商報〉創刊45周年紀念文集，1941–1986》。中國：廣東人民出版社，1987。

《南洋戀：中國歌舞劇藝社南洋演出四十周年紀念，1946–1986》。出版地缺，1986。

政協全國委員會辦公廳編：《霍英東風範長存》。北京：中國文史出版社，2007。

星火燎原編輯部編：《中國人民解放軍將帥名錄》。北京：解放軍出版社，1987。

胡風著：《胡風自傳》。南京：江蘇文藝出版社，1996。

胡愈之、夏衍等著：《不盡長江滾滾來：范長江紀念文集》。北京：群言出版社，1994。

范碩、丁家琪著：《葉劍英傳》。北京：當代中國出版社，1995。

鄒魯著：《廣州三月二十九革命史》。上海：民智書局，1926。

香港中華出入口商會編：《香港中華出入口商會1956元旦特刊》。香港：香港中華出入口商會，1956。

香港中華基督教青年會編：《香港中華基督教青年會九十周年會慶特刊》。香港：香港中華基督教青年會，1991。

香港中華總商會著：《香港中華總商會100周年會慶盛典專刊》。香港：香港中華總商會，2001。

香港中華總商會著：《與祖國一起成長：慶祝中華人民共和國成立60周年特刊》。香港：香港中華總商會，2009。

香港地產建設商會著：《香港地產建設商會：成立暨第一屆職員就職典禮》。香港：香港地產建設商會，1965。

香港年鑑社著：《香港年鑑：一九三四年》。香港：香港年鑑社，1934。

香港油蔴地小輪船有限公司著：《香港油蔴地小輪船有限公司70周年》。香港：香港小輪(集團)有限公司，1993。

香港洋務工會會史組著：《洋務工會簡史(二稿)》。香港：香港洋務工會，1991。

香港培華教育基金會編：《香港培華教育基金25周年紀念特刊》。香港：香港培華教育基金有限公司，2007。

香港華人革新協會編：《香港華人革新協會60周年鑽禧紀念特刊》。香港：香港華人革新協會，2009。

香港華商總會編：《香港商業年鑑：一九四九年》。香港：香港華商總會，1949。

香港華商織造總會編：《香港華商織造總會十週年紀念大會專號》。香港：香港華商織造總會十週年紀念籌備委員會，1941。

唐寶林著：《陳獨秀全傳》。香港：中文大學出版社，2011。

孫修福著：〈華僑捐款支援祖國抗戰問題〉，載華僑協會總會編：《華僑與抗日戰爭論文集》。臺北：華僑協會總會，1999。

徐中約著，計秋楓、徐慶葆譯：《中國近代史》。香港：中文大學出版社，2001。

徐文欽著：《崛起之路：共和國風雲60年》。北京，中央文獻出版社，2009。

恩格斯著，中共中央馬克思恩格斯列寧史達林著作編譯局譯：《反杜林論：歐根‧杜林先生在科學中實行的變革》。北京：人民出版社，1970。

《珠江縱隊史》編寫組著:《珠江縱隊史》。廣州:廣東人民出版社,1990。

秦立海著:《民主聯合政府與政治協商會議:1944–1949年的中國政治》。北京:人民出版社,2008。

馬修‧邦克‧李奇微著,王宇欣譯:《李奇微回憶錄:北緯三十八度線》。北京:新華出版社,2013。

區家麟著:《傘聚》。香港:天窗出版社有限公司,2014。

《基督教詞典》編寫組著:《基督教詞典》。北京:北京語言學院出版社,1994。

康澤著:《康澤自述:蔣介石的十三太保之一國民黨「黨衛軍」魁首》。北京:團結出版社,2012。

張明金、劉立勤編:《國民黨歷史上的158個軍》。北京,解放軍出版社,2004。

張家偉著:《香港六七暴動內情》。香港:太平洋世紀出版社,2000。

張素華著:《變局:七千人大會始末,1962年1月11日–2月7日》。北京:中國青年出版社,2006。

張國燾著:《我的回憶》。香港:《明報月刊》連載,1971–1973。

張淑燕著:〈「白卷英雄」張鐵生事件始末〉,《時代人物》,第4期(2012),頁121–123。

張發奎著:《張發奎將軍抗日戰爭回憶記》。香港:蔡國楨,1981。

張黎明著:《記憶的刻度:東縱的抗戰歲月》。北京:群眾出版社,2006。

張駿祥、程季華編:《中國電影大辭典》。上海:上海辭書出版社,1995。

曹克安著:《家居香港九十年》。臺北:星島出版社;香港:星島有限公司,1986。

梁上苑著:《中共在香港》。香港:廣角鏡出版社有限公司,1989。

梁柯平著:〈香港學生的抗日救亡運動〉,載陳敬堂、邱小金、陳家亮編:《香港抗戰:東江縱隊港九獨立大隊論文集》。香港:康樂及文化事務署,2004。

梁炳華著:《深水埗風物志》。香港:深水埗區議會,2011。

梁鳳儀著:《李兆基博士傳記》。香港:勤+緣出版社,2011。

章開沅編:《辛亥革命辭典》。武漢:武漢出版社,1991。

莫文驊著:〈百色起義的卓越領導者〉,載中共中央文獻研究室編:《回憶鄧小平》。北京:中央文獻出版社,1998。

許俐麗、李小瑛著:《李門百年》。廣州市:廣東人民出版社,2014。

許家屯著:《許家屯香港回憶錄》。香港:香港聯合報有限公司,1993。

許禮平著:《舊日風雲(二集)》。香港:牛津大學出版社,2014。

《連貫同志紀念文集》編寫組著：《賢者不朽：連貫同志紀念文集》。北京：中國華僑出版社，1995。

郭沫若著：《郭沫若自傳》。南京：江蘇文藝出版社，1996。

郭華清、朱西學著：〈清代的虎門防禦體系與第一次鴉片戰爭〉，《廣州大學學報 社會科學版》，第 11 卷，第 12 期（2012），頁 76–83。

陳丹晨著：《巴金全傳（修訂版）》（上卷）。北京：人民文學出版社，2014。

陳日新 MBE 太平紳士治喪委員會編：《沉痛悼念陳日新 MBE 太平紳士 1919–2007》。香港：陳日新 MBE 太平紳士治喪委員會，2007。

陳永發著：〈毛澤東與七千人大會：民主發揚還是文革預演？〉，《中央研究院近代史研究所集刊》，第 69 期（2010），頁 127–169。

陳永發著：《中國共產革命七十年》。臺北：聯經出版，1998。

陳宇著：《中國黃埔軍校》。北京：解放軍出版社，2005。

陳君葆著：《陳君葆日記》。香港：商務印書館，1999。

陳志華、李青儀、盧柊泠、黃曉鳳著：《香港海上交通 170 年》。香港：中華書局（香港）有限公司，2012。

陳東林著：〈細說粉碎「四人幫」〉（上、下篇）《黨史博覽》，第 1 期（2010），頁 29–33、34–38。

陳敦德著：《八路軍駐香港辦事處紀實》。香港：中華書局，2012。

陳敬堂著：《香港抗戰英雄譜》。香港：中華書局（香港）有限公司，2014。

陳敬堂著：《寫給香港人的中國現代史：從西安事變到新中國成立》。香港：中華書局，2014。

陳雷剛著：〈港澳巨賈與改革開放之初的廣東「洋酒店」〉，《文史天地》，第 3 期（2015），頁 4–9。

陳熙炎編：《成功與管理：花園酒店十年歷程》。廣州：廣東旅遊出版社，1997。

陳毓祥、梁家永著：《脈搏人物續篇：專訪 43 位香港知名人士》。香港：博益出版集團有限公司，1986。

陳瑞章著：《東江縱隊：抗戰前後的香港游擊隊》。香港：香港大學出版社，2012。

陳福霖、余炎光著：《廖仲愷年譜》。長沙：湖南出版社，1991。

陸永棣、劉子健著：〈方方同志革命歷程〉，《嶺南文史》，第 4 期（1999），頁 23–27。

陸興龍著：〈1930 年前後上海棉花價格變動及對棉紡業之影響〉，《江漢論壇》，第 12 期（2006），頁 95。

傅澤銘著：《星光熠耀》。廣州：花城出版社，2003。

傅澤銘著：《永遠的心碑：厚街革命鬥爭紀實》。廣州：廣東人民出版社，
　　2006。

傅頤著：〈黃作梅：榮獲英皇勳章的共產黨人（一）〉，《廣東黨史》，第3期
　　（2000），頁9–12。

傅頤著：〈黃作梅：榮獲英皇勳章的共產黨人（二）〉，《廣東黨史》，第4期
　　（2000），頁18–22、17。

傅頤著：〈黃作梅在香港〉，載陳敬堂、邱小金、陳家亮編：《香港抗戰：東江
　　縱隊港九獨立大隊論文集》。香港：康樂及文化事務署，2004。

曾生著：《紅江火星：革命回憶錄》。廣州：廣東人民出版社，1983。

曾生著：《曾生回憶錄》。北京：解放軍出版社，2001。

曾培炎編：《新中國經濟50年》。北京市：中國計劃出版社，1999。

程晉寬著：《「教育革命」的歷史考察：1966–1976》。福州：福建教育出版社，
　　2001。

粟裕著：《粟裕戰爭回憶錄》。北京：解放軍出版社，1988。

華爾德（Andrew G. Walder）著，龔小夏譯：《共產黨社會的新傳統主義：中國
　　工業中的工作環境和權力結構》。香港：牛津大學出版社，1996。

費勇著：《金庸全傳》。北京：華夏出版社，2008。

費賴之（Aloys Pfister）著，馮承鈞譯：《入華耶穌會士列傳》。臺北：臺灣商務
　　印書館，1960）。

集思著：〈回憶劇五、七隊在廣州的日子〉，載《中國話劇運動五十年史料集》
　　編輯委員會、田漢等編：《中國話劇運動五十年史料集》。北京：中國戲
　　劇出版社，1985。

馮白駒、曾生等著：《廣東人民抗日游擊戰爭回憶》。廣州：華南人民出版
　　社，1951。

馮邦彥：《香港金融業百年》。香港：三聯書店（香港）有限公司，2002。

黃仁著：《王玨九十年的人生影劇之旅》。臺北：新銳文創，2011。

黃永豪著：《土地開發與地方社會：晚清珠江三角洲沙田研究》。香港：文化
　　創造出版社，2005。

黃玉梅著：《香港基督教女青年會史1920–1988》。香港：出版社缺，1988。

黃振涼著：《黃埔軍校之成立及其初期發展》。臺北：正中書局，1993。

黃嫣梨著：《巾幗何讓鬚眉：中國婦女史研究論集》。香港：中華書局，2011。

黃慰慈、許肖生著：〈東江華僑回鄉服務團概述〉，載中共廣東省委黨史資料

徵集委員會編：《廣東華僑港澳同胞回鄉服務團史料：東江華僑回鄉服務團》。廣州：廣東省農墾總局印刷廠，1985。

黃藥眠著：《動蕩：我所經歷的半個世紀》。上海：上海文藝出版社，1987。

黃藥眠、蔡徹著：《黃藥眠口述自傳》。北京：中國社會科學出版社，2003。

會史特刊委員會著：《香港中華基督教青年會會史，1901–2012》。香港：香港中華基督教青年會，2013。

楊小鵬編：《白天鵝賓館紀念畫冊》。廣州：白天鵝賓館，天藝廣告有限公司，2003。

楊小鵬、王建坤、沈沂著：〈開放先鋒「白天鵝」〉，《21世紀商業評論》，第1期(2007)，頁146–150。

楊奇、余非改編：《香港淪陷大營救》。香港：三聯書店(香港)有限公司，2014。

楊者聖著：《國民黨金融之父宋子文》。上海：上海人民出版社，2011。

楊益群、司馬小莘、陳乃剛編：《司馬文森研究資料彙編》。北京：十月文藝出版社，1998。

楊國雄著：《舊書刊中的香港身世》。香港：三聯書店(香港)有限公司，2014。

楊康華著：《楊康華回憶錄》。廣州：廣東人民出版社，2001。

楊菁著：《宋子文傳》。石家莊：河北人民出版社，1999。

葉劍英傳編寫組著：《葉劍英傳》。北京：當代中國出版社，1995。

《達德歲月》編委會著：《達德歲月：香港達德學院紀念集》。廣州：中山大學出版社，2004。

雷煜植等編：《加拿大卡城中華文化中心十周年特刊》。卡加利：加拿大卡城中華文化中心，2002。

廖承志著：《廖承志文集》。香港：三聯書店(香港)有限公司，1990。

廖迪生著：《香港天后崇拜》。香港：三聯書店(香港)有限公司，2000。

廖迪生著：〈珠江三角洲東涌地區「圍口」生活變遷〉，載何霖、廖迪生編：《從滄海沙田到風情水鄉：珠江三角洲東涌社會生態變遷研究》。北京：中國戲劇出版社，2013，頁1–17。

廖蓋隆、張品興、劉佑生編：《現代中國政界要人傳略大全》。北京：中國廣播電視出版社，1993。

廖蓋隆著：《新中國是怎樣誕生的》。上海：海燕書店，1952。

趙紫陽著：《改革歷程》。香港：新世紀出版社，2009。

趙榮芳著：〈愛國實業家何賢〉，載廣東省政協文史資料研究委員會編：《創業者的足跡：港澳海外企業家創業史》。廣州：廣東人民出版社，1992。

趙蔚著:《趙紫陽傳》。香港:文化教育出版社 ,1988。

趙錫驊著:《民盟史話:1941–1949》。北京:中國社會科學出版社,1992。

銘源基金駐韶關辦事處編:《世紀希望紅三角:霍英東基金會、銘源基金會
　　粵贛湘邊老區「文教扶貧」紀念畫冊》。韶關:銘源基金駐韶關辦事處,
　　2004。

銘源基金駐韶關辦事處編:《何銘思與紅三角》。香港:香港銀河出版社,
　　2004。

劉美燕著:《黃自研究》。臺北:樂韻出版社,1984。

劉國銘編:《中國國民黨百年人物全書》。北京:團結出版社,2005。

劉國銘主編,黃晉明、陳予歡、王叔凱副主編:《中國國民黨百年人物全
　　書》。北京:團結出版社,2005。

劉智鵬、劉蜀永著:《屯門》。香港:三聯書店(香港)有限公司,2012,頁
　　70。

劉智鵬著:《香港達德學院:中國知識分子的追求與命運》。香港:中華書局
　　(香港)有限公司,2011。

廣州市設計院著:〈廣東中山溫泉賓館〉,《建築學報》,第5期(1982),頁
　　61–67。

〈廣東文藝界沉痛追悼周鋼鳴同志逝世〉,《新文學史料》,第3期(1981),頁
　　284。

廣東青運史研究委員會研究室編:《香港學運的光輝》。廣州:廣東人民出版
　　社,1992。

廣東青運史研究委員會研究室編:《青春進行曲:回憶香港虹虹歌詠團》。廣
　　州:廣東人民出版社,1988。

廣東省地方史志編纂委員會編:《廣東省志 · 人物志》。廣州:廣東人民出版
　　社,2002。

廣東省作家協會編:《廣東當代作家辭典》。廣州:花城出版社,2006。

廣東省政協、韶關市政協、始興縣政協文史資料研究委員會合編:《揮戈躍馬
　　滿征塵:張發奎將軍北伐抗戰紀實》。廣州:廣東人民出版社,1990。

廣東省政協、廣州市政協、英德縣政協文史資料研究委員會合編:《莫雄回憶
　　錄》。廣州:廣東人民出版社,1991。

廣東省政協文史資料研究委員會、廣東省交通廳、中共梅州市五華縣委黨史
　　研究室編:《曾天節》。廣東:廣東省政協文史資料研究委員會、廣東省
　　交通廳、中共梅州市五華縣委黨史研究室,1996。

廣東省政協文史資料研究委員會編：《粵軍史實紀要》。廣州：廣東人民出版社，1990。

廣東革命歷史博物館編：《黃埔軍校史料：1924–1927》。廣州：廣東人民出版社，1985。

廣東話劇研究會《犂痕》編委會編：《犂痕：中原劇藝社的戰鬥歷程》。廣州：廣東話劇研究會，1994。

廣東話劇研究會《鳴鏑篇》編委會編：《鳴鏑篇：廣州鋒社話劇團的戰鬥歷程》。廣州：廣東話劇研究會，1994。

潘淑華、黃永豪著：《閒暇、海濱與海浴：香江游泳史》。香港：三聯書店(香港)有限公司，2014。

潘鳴嘯(Michel Bonnin)著，歐陽因(Annie Au-Yeung)譯：《失落的一代：中國的上山下鄉運動 1968–1980》。香港：中文大學出版社，2009。

潘耀明著：卷首語，〈家國情懷〉，《明報月刊》，2015，1月號。

蔡洛、余炎光、劉林松、羅可群著：《彭湃傳》。北京：人民出版社，1986。

蔡榮芳著：《香港人之香港史》。香港：牛津大學出版社，2001。

鄧廣殷著：《我的父親鄧文釗》。北京：中國文史出版社，1998。

鄭宏泰、周振威著：《香港大老：何東》。香港：三聯書店(香港)有限公司，2007。

鄭宏泰、周振威著：《香港大老：周壽臣》。香港：三聯書店(香港)有限公司，2006。

鄭笑楓、舒玲著：《陶鑄傳》。北京：中共黨史出版社，2008。

鄭會欣編註：《董浩雲日記：1948–1982》。香港：中文大學出版社，2004。

鄭福林著：《中國革命和建設歷史時期人物辭典》。長春：吉林人民出版社，1988。

縠慧敏著：《家園之路：兆龍飯店發展歷程》。北京：中國旅遊出版社，2002。

魯平口述，錢亦蕉整理：《魯平口述香港回歸》。香港：三聯書店(香港)有限公司，2009。

曉風、曉山、曉谷著：《我的父親胡風》。瀋陽：春風文藝出版社，2001。

《歷史記得光榮的海員》編輯委員會著：《歷史記得光榮的海員：香港海員工會九十年》。香港：香港海員工會，2014。

盧子健、何安達編：《香港人名錄》。香港：天地圖書有限公司，1994。

盧敦著：《瘋子生涯半世紀》。香港：香江出版社，1992。

穆欣著：〈回憶解放廣州之戰〉，《同舟共進》，第9期(1999)，頁29–33。

賴伯疆著：〈道路坎坷的戲劇家胡春冰〉，《香港文化歷史名人傳略》（第一卷）。香港：名流出版社，1999。

霍英東基金有限公司著：《南沙：珠江三角洲海濱新城》。香港：霍英東基金有限公司，1992。

霍英東演詞：〈從白天鵝賓館看國家的改革、開放、搞活政策〉，載莊昭、王偉軒、袁廣達編：《愛國愛鄉的霍英東》。廣州：中山大學出版社，1991。

霍英東著：〈憶鄧公〉，載中共中央文獻研究室編：《回憶鄧小平》。北京：中央文獻出版社，1998。

鍾兆雲、易向農著：〈鄧小平親自接受「燙手支票」〉，《今日名流》，第9期（2010），頁21–24。

戴愛蓮口述，羅斌、吳靜姝記錄及整理：《我的藝術生活》。北京：人民音樂出版社、華樂出版社，2003。

謝永光著：《三年零八個月的苦難》。香港：明報出版社，1995。

霞山會編，外務省アジア局監修：《現代中國人名辭典》。東京：霞山會，1966。

簡又文著：《太平天國全史》。香港：簡氏猛進書屋，1962。

藍常周、譚克繩主編：《中國革命根據地大辭典》。南寧：廣西人民出版社、廣西師範大學出版社，2002。

藍潮著：《鄭裕彤傳》。香港：名流出版社，1997。

羅重一、劉成婧著：〈東江華僑回鄉服務團概述〉，《黨政研究》，第2期（2015），頁24–29。

羅海雷著：《我的父親羅孚：一個報人、「間諜」和作家的故事》。香港：天地圖書有限公司，2011。

《〈關於正確處理人民內部矛盾的問題〉淺說》編寫組著：《〈關於正確處理人民內部矛盾的問題〉淺說》。上海：上海人民出版社，1974。

關德興的一生編輯委員會著：《愛國藝人：關德興的一生》。香港：關德興的一生編輯委員會，1996。

饒桂珠、陳思迪著：〈訪問何銘思，解讀霍英東〉，《地平綫》，第116期（2007），頁4–13。

鐵竹偉著：《廖承志傳》。香港：三聯書店（香港）有限公司，1999。

《齊齊哈爾師範學院學報》，第4期（1973），頁35。